KB040636

Engineering ethics

공학윤리의 쟁점

송성수

생각의힘

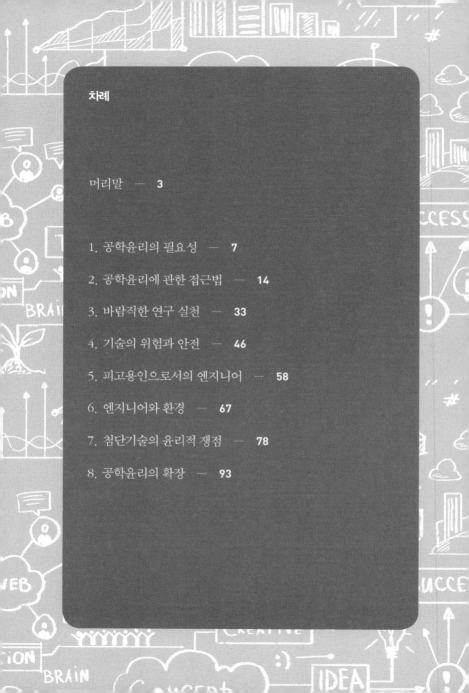

차례

머리말

현대 사회는 일상생활의 대부분이 기술과 관련되어 있지 않은 것이 없을 정도로 기술에 크게 의존하고 있다. 20세기를 전후하여 기술은 산업계에 머물지 않고 일상생활에 침투하기 시작하였으며 그러한 경향은 점차 강화되고 있다. 이 과정에서 기술은 한편으로는 인류의 생활을 편리하게 하는 역할을 하지만 다른 한편으로는 군사무기, 환경오염, 안전사고 등을 매개로 인류의 생존을 위협하기도 한다.

우리가 공학윤리(engineering ethics)에 관심을 기울여야 하는 이유도 바로 여기에 있다. 기술은 과연 우리 사회를 바람직한 방향으로 발전시키고 있는가? 기술의 긍정적 측면을 극대화하고 역기능을 최소화하기 위해서 어떤 노력을 기울여야 하는가? 더 나아가 우리는 어떤 사회를 지향하고 있는가? 엔지니어는 기술에 대한 특별한 근접성을 가지고 있으므로 이러한 질문을 중요하게 고려하고 탐구해야 한다. 공학윤리는 이러한 문제의 심각성을 이해하고 통찰력을 제공하는 데 중요한 매개체로 작용할 수 있다. 이와 함께 엔지니어가 실제로 활동하면서 부딪히게 되는 다양한 상황에 대처하는 데에도 공학윤리에 관한 고려는 필수적이다.

공학윤리에 관한 문제는 일반적인 공학적 문제와 달리 단일한 정답이 존재하지 않는다. 공학이 기술의 지식적 측면이나 작동 원리에 초점을 두고 있다면 공학윤리는 공학과 관련된 인간의 행위를 다루고 있기 때문이다. 공학윤리가 다루어지는 상황에서는 인간의 가치와 판단이 개입되고 말로 명확하게 표현할 수 없는 면이 존재하며 서로 상충되는 제안이 제시될 수 있다. 따라서 공학윤리에서는 쟁점을 충분히 이해하고, 비판적으로 사고하며, 효과적으로 의사소통을 하는 능력이 요구된다. 동시에 그것은 일반적인 공학적 문제를 풀이하는 능력을 배양하는 데에도 상당한 기여를 할 수 있다.

이 책은 공학윤리에 대한 전체적인 지형도를 그려보기 위해 준비되었다. 공학윤리는 최근의 우리 사회에서 본격적으로 탐구되기 시작한 영역이자 교과목이다. 이 책은 공학윤리의 전통적인 주제에 대한 논의를 정리함과 동시에 기존의 공학윤리 교재에서 충분히 다루어지지 않은 주제와 쟁점에 대해서도 주의

를 기울이고 있다. 이 책이 과학기술의 윤리적 성격이나 쟁점에
관심을 가진 독자들에게 좋은 길잡이가 되기를 바란다.

송성수

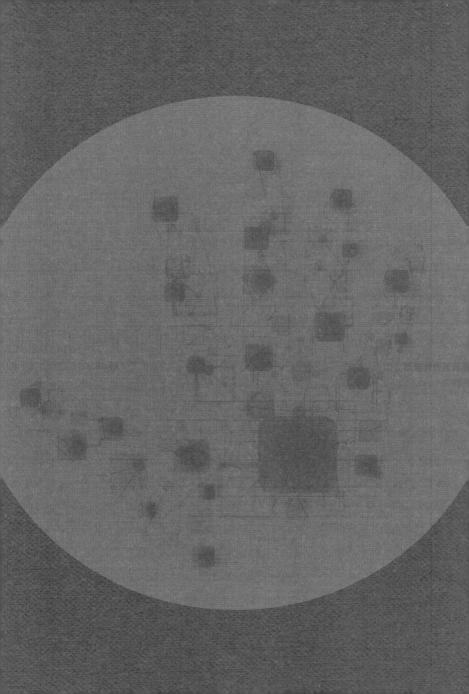

1.
공학윤리의
필요성

챌린저호가 폭발한 까닭은?

— 1986년 1월 27일 밤, 모턴 씨어콜 (Morton Thiokol)과 미국항공우주국(NASA, National Aeronautics and Space Administration)의 마셜우주비행센터(MSFC, Marshall Space Flight Center)는 원격 회의를 열었다. 다음날 아침에 우주왕복선 챌린저(Challenger)호를 발사할지 여부를 논의하기 위해 긴급히 소집한 회의였다. 이 회의에서 보이스졸리(Roger Boisjoly)를 비롯한 모턴 씨어콜의 엔지니어들은 챌린저호를 발사하는 것에 대해 다시 검토해야 한다고 주장하였다. 그것은 O-링(O-ring)의 성능에 대한 우려에서 비롯되었다.

O-링은 주 엔진에 부착된 두 개의 로켓 부스터를 조립하기 위해 끼워 넣는 부품이다. 만약 O-링이 복원력을 잃어버리면

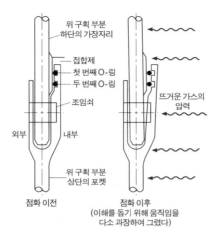

위 구획 부분
하단의 가장자리

접합제
첫 번째 O-링
두 번째 O-링

조임쇠

외부   내부

뜨거운 가스의
압력

위 구획 부분
상단의 포켓

점화 이전

점화 이후
(이해를 돕기 위해 움직임을
다소 과장하여 그렸다)

| 챌린저호의 연결 부위 어긋남 현상

마디 사이의 밀봉이 제대로 이루어지지 않아 고온의 가스가 새
고 저장 탱크에서 연료가 점화되면서 전체적인 폭발로 이어지
게 된다. 당시에는 O-링의 온도가 53°F(11.7℃)가 되면 누출이
발생한다는 실험 결과가 있었으며, 이보다 낮은 온도에서는 누
출이 더욱 심할 것으로 예상되었다. 챌린저호 발사 시에 예상된
기온은 26°F(-3.3℃)였고, O-링의 온도는 29°F(-1.7℃)였다.

그러나 NASA는 챌린저호의 성공적인 비행을 간절히 원하고
있었다. 많은 예산이 소요되고 있었던 우주왕복선 사업의 성과
를 보여 주어야 하였을 뿐만 아니라, 챌린저호 발사일 저녁에는
레이건(Ronald Wilson Reagan) 대통령의 의회 시정연설이 계획되어
있었다. 모턴 씨어콜의 부회장인 메이슨(Gerald Mason)을 비롯한

경영진은 이러한 점을 잘 알고 있었다. 자사에서 발사를 반대하게 되면 NASA와의 후속 계약이 어려워진다는 점도 예상되었다. 이에 더하여 당시에 활용할 수 있었던 공학적 자료도 낮은 온도에서 실제적인 실험을 바탕으로 이루어진 것이 아니었다.

결국 모턴 씨어콜은 챌린저호를 발사하기로 결정하였다. 원격 회의가 잠시 중단된 사이에 메이슨은 공학부서의 책임자였던 룬드(Robert Lund)에게 "공학자의 직함에서 벗어나 경영자의 입장이 되라."라고 말하였다고 한다. 챌린저호는 다음 날 발사된 지 73초 만에 폭발하였고, 7명의 우주비행사가 목숨을 잃었다. 그중에는 초등학교 여교사인 매컬리프(Christa McAuliffe)와 같은 일반인도 있었다. 또한 챌린저호 사고는 비극적인 인명 손실뿐만 아니라 수십억 달러의 값어치가 있는 장비를 파괴시켰으며 NASA의 명성에도 심각한 손상을 입혔다.

챌린저호 사고는 공학과 윤리에 관한 다양한 문제를 제기하고 있다. 엔지니어의 판단과 경영진의 판단 중에서 어떤 것이 우선시되어야 하는가? 두 가지 판단이 서로 융화될 수는 없는가? 엔지니어나 경영진 이외에 우주비행사의 입장을 고려한다면 어떻게 해야 하는가? 공학적 자료가 완비된 후에만 적절한 의사결정을 할 수 있는가? 공학적 자료가 완비되는 것은 가능한가? 자료가 불완전하다면 어떤 의사결정을 내리는 것이 바람직한가? 만약 사고가 발생하지 않았다면 어떻게 되었을까? 그러한 경우에도 보이스졸리의 주장이 옳다고 할 수 있는가? 챌린저호 사고는 다소 극단적인 사례에 해당하지만, 이와 같은 일

련의 질문들은 공학의 영역에서도 윤리적 차원의 논의와 대책
이 필수적이라는 점을 시사하고 있다.

전문직으로서의 공학

—   공학윤리가 강조되는 일차적인 이
유는 엔지니어가 전문 직업인이라는 점에서 찾을 수 있다. 전문
직에 속한 사람들은 일반인보다 뛰어난 능력을 가지고 있으며
이에 따라 전문가에 대한 사회적 기대도 크기 마련이다. 즉 전
문가는 일반인보다 더 많은 보수와 존경을 받으며 이에 상응하
는 의무와 책임을 가지고 있는 것으로 여겨지고 있다.

그렇다면 전문직(profession)은 어떤 조건을 갖추어야 하는가?
우선 전문직은 일반적인 직업(occupation)과 마찬가지로 그 직업
으로 생계를 유지할 수 있어야 한다. 이와 동시에 단순한 직업
을 넘어 다음과 같은 세 가지 조건을 만족시켜야 한다. 첫째, 지
식이다. 전문직은 공식적인 교육훈련을 통해 획득한 지식을 갖
추어야 하며, 여기에는 특정한 문제에 대하여 신중하게 판단할
수 있는 능력이 포함되어야 한다. 둘째, 전문직은 그 분야에 속
한 사람들로 특정한 조직을 형성하며, 사회로부터 일정한 자율
성을 가지고 있어야 한다. 전문직 조직은 회원의 권리 및 의무
에 대한 규정을 보유하고 있으며 그러한 규정은 내부적으로는
회원들을 결속시키고 외부적으로는 해당 전문직을 대변하는
역할을 한다. 셋째, 전문직은 개인적인 이익을 넘어 공공선(公共

善, public good)을 추구해야 한다. 한 사회가 특정한 조직에 전문 직이라는 지위를 허용하는 것은 그 조직과 구성원들이 공익을 증대시키는 방향으로 행동할 것이라고 간주하기 때문이다.

그렇다면 공학은 전문직으로 분류될 수 있는 조건을 만족시 키고 있는가? 우선 엔지니어가 원활하게 활동하기 위해서는 해 당 분야에 대한 상당한 지식이 필요하다. 적어도 4년 동안의 고 등교육 또는 대학교육은 엔지니어가 되기 위한 필수적인 조건 이다. 또한 엔지니어는 전문적인 조직을 매개로 활동하고 있다. 공학의 경우에는 분야별로 학회 또는 협회가 구성되어 있으며 그러한 조직은 회원의 권리 및 의무에 대한 규정을 보유하고 있 다. 공공선을 추구한다는 특징은 전문직이 사회로부터 인정받 기 위한 전제 조건 중의 하나이다. 이를 위하여 선진국의 대부 분의 공학 단체들은 윤리강령(code of ethics)이나 윤리헌장을 제정 하여 자신들의 활동이 공익을 증진시키는 데 있다는 점을 명문 화하고 있다. 이상과 같은 점에 비추어 볼 때 공학은 전문직이 요구하는 조건을 대체로 만족시키고 있다고 평가할 수 있다.

공학의 특수성과 공공성

—   공학은 앞서 살펴본 전문직 전반의 일반적인 특성과 함께 다른 전문직에서 찾아보기 어려운 특수 한 성격도 가지고 있다. 여기에서는 대표적인 전문직으로 간주 되고 있는 의사 및 변호사와 엔지니어를 비교하면서 공학의 특

수성을 검토하기로 한다.

우선 공학에서는 자격증의 역할이 상대적으로 미미하다. 의사와 변호사는 국가가 주관하는 검정시험 또는 고등고시를 통해 인증을 받아야 활동할 수 있지만, 엔지니어로 활동하는 데에는 인증 제도보다는 교육 수준이 중요한 기준으로 작용한다. 엔지니어의 경우에도 기사나 기술사 등과 같은 자격 제도가 있지만 그것이 결정적인 역할을 하지는 않는다.

또한 엔지니어는 피고용인의 신분을 가지는 경우가 많다. 대다수의 의사와 변호사는 개인사업자로 활동하고 있지만 엔지니어는 대체로 기업을 비롯한 조직체에 고용되어 있다. 이에 따라 엔지니어가 맺게 되는 사회적 관계는 고객과의 관계, 동료 전문가와의 관계, 사회와의 관계 이외에 고용주와의 관계가 추가된다.

그런데 이러한 공학의 특수성은 전문직의 지위를 하락시키는 것으로 해석될 소지가 있다. "공학이 전문직과 비(非)전문직 사이의 경계선상에 있다고 볼 수 있다."라는 식으로 해석될 수 있는 것이다.[1] 이런 식으로 공학의 특수성을 해석하게 되면 엔지니어가 사회적 책임을 가져야 할 근거가 미약해지면서 궁색한 논리가 동원되는 문제점이 발생한다.

그러나 공학의 특수성을 다른 각도에서 접근하는 방법을 통해서도 공학윤리가 필요한 조건을 도출할 수 있다. 그것은 엔지

---

1 찰스 해리스 외, 김유신 외 옮김, 『공학윤리』 제3판 (북스힐, 2006), p. 13.

니어가 제공하는 서비스가 의학이나 법률에 비해 공공성이 크다는 점과 직결된다. 의학과 법률은 개별 고객의 필요에 맞추어 제공되는 반면 공학은 고객은 물론 일반 대중에게까지 영향력을 미친다. 이와 함께 많은 기술 프로젝트가 국민의 세금에 의존하여 추진되기 때문에 직접적 또는 간접적 형태로 국민의 동의를 받아 이루어지고 있다. 이처럼 공학은 한 사회의 모든 구성원에게 상당한 영향력을 미치고 대체로 국민의 세금에 의존하고 있다는 점에서 다른 전문직에 비해 훨씬 강한 공공성을 가지고 있다. 이와 같은 공학의 공공성이 본격적으로 고려될 때 엔지니어의 책임에 대한 논의는 더욱 풍부해질 것이다.

이와 함께 기술의 영역이 확장되면서 일반 대중의 기술에 대한 태도가 변천해 왔다는 점에도 주목할 필요가 있다. 1920년대만 해도 기술은 풍요의 원천이자 진보의 상징으로 찬양되었다. 그러나 1960년대에 이르면서 전쟁 무기와 환경오염을 매개로 기술의 역기능이 본격적인 비판의 대상이 되기 시작하였다. 기술의 역기능에 대한 인식도 1960년대에는 대체로 사후적인 것에 불과하였지만, 최근의 정보기술이나 생명공학기술을 둘러싼 논쟁은 기술의 경로가 가시화되기도 전에 이에 관한 문제점이 지적되고 있는 양상을 보이고 있다. 이와 같이 일반 대중의 기술에 대한 이미지가 변화하는 것을 배경으로 엔지니어는 자신의 활동을 정당화하고 이에 대한 사회적 책임을 제고해야 하는 문제에 직면하고 있다.

2.
공학윤리에 관한 접근법

윤리강령

—   윤리의 유형은 그것을 구현하는 주체에 따라 개인윤리(personal ethics), 전문직윤리(professional ethics), 일반도덕(common morality)으로 구분할 수 있다. 개인윤리는 개인의 신념을 강조하고, 일반도덕은 법이나 관습을 중시하는 반면, 전문직윤리는 해당 전문직 단체의 윤리강령을 토대로 삼고 있다. 공학윤리도 전문직윤리의 일종이므로 공학윤리 문제에 접근하는 일차적인 방법은 공학 단체가 정한 윤리강령을 적용하는 것에서 찾을 수 있다.

공학 단체의 윤리강령은 엔지니어의 직업적 · 사회적 책임에 대한 집단적 인식을 명문화한 것에 해당한다. 이러한 윤리강령은 엔지니어가 어떤 직무를 수행하거나 판단하는 데 있어 자신의 입장을 표방할 수 있는 중요한 기준이 된다. 물론 윤리강령이 요리책과 같이 복잡한 문제를 해결하기 위한 구체적인 방법을 제공하고 있는 것은 아니다. 윤리강령은 윤리적 문제가 발생할 경우에 고려해야 할 사항을 제시해 주는 안내서의 역할을 담당한다고 할 수 있다. 이와 함께 윤리강령은 공학 단체가 회원들의 윤리적 행위를 고무하고 비윤리적 행위를 저지할 수 있는 기준으로 작용한다. 예를 들어 공학 단체는 윤리강령을 통해 주요 쟁점을 공정하게 조사하고 판단함으로써 모범이 되는 회원에게 상을 수여하거나 비윤리적인 행위를 한 회원을 처벌할 수 있다.

여기에서는 미국의 대표적인 공학 단체인 전국전문엔지니어협회(NSPE, National Society of Professional Engineers)와 전기전자공학회(IEEE, Institute of Electrical and Electronics Engineers)의 윤리강령을 살펴보기로 한다. NSPE의 윤리강령은 전문(preamble), 기본 규범(fundamental canons), 실천 규정(rules of practice) 등으로 구성되어 있으며, 그중에서 기본 규범을 소개하면 다음과 같다.

① 공공의 안전, 건강, 복지를 가장 중요하게 고려한다.
② 자신이 감당할 능력이 있는 영역의 서비스만을 수행한다.
③ 객관적이고 신뢰할 수 있는 방식으로만 공적 발언을 한다.
④ 고용주나 고객에 대하여 충실한 대리인 또는 수탁자로 행동한다.
⑤ 기만적인 행위를 하지 않는다.
⑥ 명예롭고 존경받으며 윤리적이고 합법적으로 행동함으로써 전문

직의 명예, 평판, 유용성을 향상시킨다.

NSPE의 윤리강령은 미국의 다양한 공학 단체들이 보유하고 있는 윤리강령의 기본적인 골격을 보여 주고 있다. NSPE의 윤리강령은 총 6조로 구성되어 있는데, 그것은 엔지니어가 맺게 되는 사회적 관계를 염두에 두고 있다. 즉 엔지니어가 활동하는 과정에는 공공 사회, 고용주 및 고객, 전문직과의 관계가 매개되는데, NSPE의 윤리강령 1조, 4조, 6조에서는 이러한 관계에서 유념할 사항을 표명하고 있다. 엔지니어는 이와 같은 다양한 대상에 대한 책임과 함께 이들을 조화시키면서 활동해야 하는 것이다.

여기에서 문제가 되는 것은 공공에 대한 책임, 고용주 및 고객에 대한 책임, 전문직에 대한 책임 사이에 갈등이 수반될 수 있다는 점에 있다. 특히 공공에 대한 책임과 고용주 및 고객에 대한 책임 사이에는 갈등이 발생할 소지가 많으며, 그것은 동료 전문가와의 관계가 매개되면서 더욱 복잡해진다. 이런 경우에도 모든 대상을 만족시킬 수 있는 방법을 찾아야 하지만, 여의치 않을 경우에는 공공에 대한 책임에 우선순위를 부여하여야 한다. 윤리강령은 기본적으로 가장 중요한 가치를 앞에 제시하고 있기 때문이다. 공공에 대한 책임에도 우선순위의 문제가 있다. NSPE를 비롯한 미국의 공학 단체들은 대부분 윤리강령 1조에 안전, 건강, 복지의 순서로 공공에 대한 책임을 천명하고 있다.

IEEE의 윤리강령은 NSPE의 윤리강령에서 언급된 조항을 더욱 구체화하거나 확장시킨 경향을 보이고 있으며, 다음의 10가지 조항으로 구성되어 있다.

① 공학적 의사결정이 공공의 안전, 건강, 복지에 부합하게 하는 책임을 수용하며 공공이나 환경에 위협을 가할 수 있는 요소들을 즉각적으로 공개한다.

② 어떤 경우에도 실제적 또는 인지된 이해관계의 충돌을 피하며, 이러한 가능성이 있으면 영향을 받을 수 있는 당사자에게 공개한다.

③ 활용 가능한 자료에 근거하여 주장이나 추정치를 발표할 때에는 정직하면서 현실적이어야 한다.

④ 모든 형태의 뇌물을 거부한다.

⑤ 기술, 기술의 적절한 활용, 기술의 잠재적인 결과에 대한 이해를 증진시킨다.

⑥ 기술적 능력을 유지, 발전시키며, 훈련이나 경험에 의한 자격이 충분하거나 관련된 제한 요소들이 완전히 알려진 경우에만 다른 사람을 위한 기술적 업무에 착수한다.

⑦ 기술적 활동에 대한 정직한 비판을 추구하고 인정하고 제안하며, 이와 관련된 오류를 인정하고 교정하며, 다른 사람들의 기여에 대해 공정하게 평가한다.

⑧ 인종, 종교, 성별, 장애, 연령, 국적에 관계없이 모든 사람을 공평하게 대우한다.

⑨ 거짓이나 악의적인 행위로 다른 사람의 신체, 재산, 평판, 일자리

를 손상시키지 않는다.

⑩ 전문직의 발전을 위해 동료와 협력자를 도와주고 그들이 윤리강
령을 준수할 수 있도록 지원한다.

미국의 경우에는 대부분의 공학 단체들이 윤리강령을 보유하
고 있지만, 우리나라에서는 최근에 들어서야 몇몇 공학 단체들
이 윤리강령을 제정하는 경향을 보이고 있다.[2] 대표적인 예로는
2004년에 제정된 대한기계학회의 윤리헌장과 2007년에 제정
된 대한전기학회의 윤리강령을 들 수 있다.

대한기계학회의 윤리헌장은 기본 정신, 기본 규범, 행동 강령
으로 구성되어 있으며, 그중에서 기본 규범을 소개하면 다음과
같다.

① 공공의 안전, 건강, 복지를 최우선으로 고려하며, 전문적인 의무
들을 이행함에 있어서 지속가능한 개발의 원칙을 따른다.

② 자신의 자격 범위 안에서만 기술적, 지적 서비스를 제공한다.

③ 자신의 경력을 쌓아나가면서 직업적인 발전을 지속하고 휘하에
있는 기술자들에게도 직업적 발전의 기회를 제공한다.

④ 고용주나 고객에게 충실한 대리인이나 수탁자로서의 전문가적
직업의식을 가지면서 행동하며, 이해의 충돌이 있을 시에는 당사

---

2 미국과 한국의 주요 공학 단체가 보유한 윤리강령에 대한 자세한 논의는 송성수, "공학
단체의 윤리강령에 관한 비교분석", 『과학기술과 사회의 접점을 찾아서: 과학기술학 탐
구』(한울, 2011), pp. 295~321을 참조.

자(고객, 고용주)에게 객관적인 정보를 제공한다.

⑤ 전문 지식과 관련된 서비스를 제공함으로써 직업적 명성을 쌓아
가고 타인과 불공정하게 경쟁하지 않는다.

⑥ 사회적으로 공인된 조직이나 개인하고만 공식적으로 교류한다.

⑦ 객관적이고 정직한 방법으로만 공공의 문제를 제기한다.

대한전기학회의 윤리강령은 다음의 10가지 조항으로 구성되
어 있다.

① 사회에 대한 책임: 전문 지식으로 사회 발전과 세계 평화에 이바
지하고, 공공의 안전과 안녕에 부합하도록 의사결정을 내리며,
이 결정에 대한 사회적 책임을 진다.

② 신의의 원칙: 공익에 해가 되지 않는 한, 사업이나 직업상 취득한
정보에 대하여 비밀을 지켜 자신이 속한 단체나 고용주에게 신의
를 지킨다.

③ 이해상충에 대한 대처: 업무를 수행하는 데 이해상충이 발생할
때에는 업무적 판단에 영향을 줄 수 있는 모든 이해관계를 공개
하고 이를 객관적으로 다룬다.

④ 정직한 자료 사용: 공학적 자료에 근거하여 정직하고 성실하게
결론을 도출하거나 주장을 제시하고 허위 사료를 사용하거나 표
절을 하지 않는다.

⑤ 법령 준수: 업무와 관련된 법령, 규약, 계약 및 표준 등을 철저히
지키고 어떤 형태의 뇌물도 거부한다.

⑥ 지식재산권 존중: 저작권 및 특허권 등 타인의 지식재산권을 존중하고 타인의 업적을 공정하게 밝힌다.

⑦ 공정성의 원칙: 자신의 기술적 성과에 대한 공정한 평가를 수용하고 잘못이 발견되면 바로 고친다. 타인의 기술적 성과를 공정히 평가한다.

⑧ 공평성의 원칙: 업무를 수행하는 데 성별, 인종, 나이, 지역 및 교육 배경, 신체 또는 정신 장애에 대한 편견과 차별을 거부한다.

⑨ 전문 분야 발전에 기여: 자신의 직업적인 지식, 기술 및 전문성을 계발하여 자신이 속한 전문 분야를 발전시키는 데 기여한다.

⑩ 친환경 기술 및 지속가능 기술을 확산하는 노력: 친환경 기술과 지속가능 기술의 필요성을 충분히 인식하고 지구의 생산력을 보존하고 회복시키기 위해 필요한 노력을 기울인다.

윤리이론

— 공학윤리 문제에 접근하는 데에는 종종 윤리이론이 활용된다. 윤리이론에도 다양한 형태가 있는데, 대표적인 예로는 공리주의, 의무론, 정의론, 동물해방론, 생태윤리론 등을 들 수 있다. 공리주의가 최대 다수의 최대 행복과 같은 유용성(utility)을 보편적인 규범으로 제시하고 있다면, 의무론은 인간을 수단이 아닌 목적으로 대우하는 것과 같이 행동 자체가 가지고 있는 본래의 특징에 주목한다. 정의론은 사회적 약자의 이익을 최대화하는 것에 주목하고, 동물해방

론은 인간중심주의에 대항하여 동물권(animal rights)을 강조하며, 생태윤리론은 자연과 인간을 상호의존하는 생명 공동체(biotic community)로 간주한다. 이 중에서 공리주의와 의무론이 대부분의 윤리에서 중요한 이론으로 취급되고 있다. 일반적으로 개인적인 권리에 대한 위반이 미미하거나 의심스러울 때에는 공리주의가 유력하고, 개인적인 권리의 위반이 심각할 때에는 의무론이 더욱 큰 비중으로 고려되는 경향이 있다.

공리주의는 벤담(Jeremy Bentham)과 밀(John S. Mill)을 비롯한 19세기 영국의 철학자들의 논의에서 비롯된 후 계속해서 진화되어 왔다. 공리주의는 행위 공리주의(act utilitarianism)와 규칙 공리주의(rule utilitarianism)로 구분될 수 있다. 행위 공리주의는 특정한 행위가 유용한 결과를 최대화하고 있는가에 초점을 둔다. 활용할 수 있는 행위의 선택지를 열거하고 이에 영향을 받는 청중을 정한 후 이익과 피해를 함께 고려하면서 최대의 이익을 줄 수 있는 행위를 선택하는 것이다. 이에 반해 규칙 공리주의는 많은 경우에 규칙을 준수하는 것이 최대의 이익을 가져다 줄 수 있다는 점에 주목한다. 교통 법규가 대표적인 예이다. 효율적인 운전에 대해 매번 선택을 하려고 노력하는 것보다 정해진 교통 법규를 지키는 것이 모두에게 도움이 된다는 것이다.

최근에는 가능한 한 정량적인 방식으로 공리주의적 기준을 적용하려는 시도가 이루어지고 있는데, 이를 비용편익분석(cost-benefit analysis)이라고 한다. 비용편익분석은 특정한 선택이 가져올 비용과 이익을 금전적인 용어로 바꾸어 이를 측정하는 것에서 출발한다. 그리고 비용과 비교하여 최대한의 이익을 낳을 수 있는 결정을 해야 하는데, 그 선택을 이행하는 데 드는 비용이 다른 선택에 사용될 경우에 더 큰 이익을 산출할 수 있어서는 안 된다. 비용편익분석은 정부나 지방자치단체가 대규모 사업을 실시할 때 널리 활용되고 있다.

이처럼 공리주의는 집단을 위한 행동을 강조하고 다수를 위한 이익을 확보할 수 있는 장점이 있지만, 몇 가지 문제점도 있다. 첫째, 행위의 영향을 받는 대상자 또는 청중을 명확하게 규정하기 어렵다. 예를 들어 청중을 특정한 지역으로 국한하게 되면, 그 외 다른 지역을 임의로 배제하였다는 비판에 직면하게 된다. 둘째, 행위의 결과를 명확하게 예측할 수 없다. 많은 사람들의 이익을 위해 건설한 고속도로가 자연환경의 파괴나 문화재의 훼손과 같은 결과를 유발할 수 있는 것이다. 셋째, 혜택과 부담을 공정하게 분배하기 어렵다. 예를 들어 공리주의에 입각한 선택이 가난한 사람과 같은 특정한 집단에 불리하게 작용할 수도 있다. 넷째, 특정한 개인의 부당한 행위를 정당화할 수 있다. 집단의 이익을 추구한다는 명목으로 소수의 개인이 극심한 손실을 입는 경우가 여기에 해당한다. 이와 함께 비용편익분석의 경우에는 경제적 잣대가 다른 기준들보다 우선시된다는 문제점과 수많은 요소들을 고려하여 비용과 이익을 체계적으로 산정하는 것이 매우 어렵다는 문제점을 안고 있다.

의무론은 각 개인을 도덕적 행위자로 동등하게 존중해야 한다는 입장을 취하고 있으며 '인간존중의 윤리'로 불리기도 한다. 의무론은 어떤 행위가 최대 행복으로 인도하든 그렇지 않든 간에 사람들에게는 누구나 실행해야 할 의무가 있다는 점에 주목한다. 대표적인 의무론자인 칸트(Immanuel Kant)는 이익이 행위를 하게 되는 동기의 주요 요인이라면 그 행위는 순수한 도덕적 행위가 될 수 없다고 생각하였다. 즉 최고의 도덕적 행위는 옳은 일을 행하는 데 즐거움을 느끼는 선한 사람들에 의해 수행되며, 그 즐거움이야말로 옳은 일을 하는 동기의 주요 요인으로 받아들일 수 있다는 것이다.

인간존중의 윤리는 우리가 사람들을 동등하게 대하는 것뿐만 아니라 그들을 도덕적 행위자로 존중할 것을 요구한다. 타인들의 도덕적 행위를 존중한다는 것은 우리가 타인들에게 특정한 행위를 하는 데 필요한 권리를 부여하도록 요청받는 것에 해당한다. 권리란 어떤 방식으로 행동하거나 다른 개인을 어떤 방식으로 행동하게 만드는 자격을 부여하는 것으로 이해할 수 있다. 권리는 다른 사람들의 정당화되지 않는 침해로부터 최소한으로 개인을 보호해 주는 장벽으로 작용하며, 더 나아가 음식, 옷, 교육 등의 공급을 요구하는 것과 같은 보다 적극적인 주장으로 이어질 수 있다.

권리에 대한 설명이 직면하게 되는 중요한 문제는 상충하는 권리들을 어떻게 다룰 것인가 하는 데 있다. 이와 관련하여 게 워쓰(Alan Gewirth)는 권리의 위계를 기본권(basic rights), 현재의 수준을 유지하는 권리(rights to maintain one's level), 현재의 수준을 향상시키는 권리(rights to increase one's level)로 구분한 바 있다.[3] 기본

권은 행위를 가능하게 하는 선행 조건으로서 생명, 육체 보전, 정신 건강 등을 포함한다. 두 번째 차원의 권리는 한 개인이 이미 성취해 놓은 목적 달성의 수준을 유지할 권리에 해당한다. 여기에는 사기를 당하거나 기만을 당하지 않을 권리, 정보에 입각한 동의를 할 권리, 소유물을 도둑맞지 않을 권리, 명예를 훼손 당하지 않을 권리, 파기된 약속으로 고통 받지 않을 권리 등이 포함된다. 세 번째 차원의 권리는 재산을 얻고자 하는 권리와 목적 달성의 수준을 증가시키는 데 필요한 권리들을 포함한다.

의무론으로 대표되는 인간존중의 윤리는 인격이나 인권을 존중한다는 의미를 가지고 있지만, 몇 가지 문제점도 내포하고 있다. 인간존중의 윤리를 적용할 때 부딪히는 가장 빈번한 문제는 관련된 사람들 사이의 권리가 충돌한다는 점이다. 물론 앞서 언급한 바와 같이 권리의 위계에 따라 권리의 상대적 중요성을 평가할 수는 있어도, 특정한 상황에서 어떤 사람이 요구하는 것이 어떤 권리에 해당하는지를 판별하기는 쉽지 않다. 인간존중의 윤리가 가진 두 번째 문제점은 개인주의적 성향을 자극하여 한 사회가 추구하는 공공의 이익을 실현하는 것이 어렵다는 점이다. 예를 들어 방사성 폐기물 처리장을 설치할 경우에 인근 주민들의 권리 주장을 고려하다 보면 설치 자체가 불가능해질 수 있다.

---

3 Alan Gewirth, *Reason and Morality* (Chicago: University of Chicago Press, 1978).

사례 연구의 절차와 기법

—   공학윤리를 비롯한 응용윤리학은
사례 연구를 중시하는 경향을 보이고 있다. 사례 연구를 통해
엔지니어에게 필요한 윤리적 문제를 이해하고 해결하는 능력
을 보다 구체적이고 효과적으로 개발할 수 있기 때문이다. 공학
윤리의 사례 연구는 상황 설명, 쟁점 분석, 해결책 제안의 순서
를 거쳐 이루어진다.

상황 설명에서는 사례를 단순히 요약하는 것을 넘어 해당 사
례에서 도출 또는 유추할 수 있는 쟁점을 준비하는 것으로 이
어져야 한다. 해당 사례와 관련된 인물들의 입장을 정리해 보는
것도 좋은 방법이다.

쟁점 분석은 사실적 쟁점(factual issues), 개념적 쟁점(conceptual
issues), 적용 쟁점(application issues)에 대한 분석으로 구분할 수 있
다. 사실적 쟁점에서는 모든 사실을 다루는 것이 아니라 관련된
사실에 주목한다. 알려진 사실 중에서도 관련성이 떨어지는 것
이 있고, 알려지지 않은 사실 중에서도 관련된 것이 있을 수 있
기 때문이다. 또한 윤리적 정당화에 대한 불일치는 사실의 차이
가 아닌 개념의 차이에서 비롯되는 경우도 많다. 개념적 쟁점을
도출하기 위해서는 다양한 자원을 활용해야 하는데, 관련 법률
이나 규칙, 공학 단체의 윤리강령, 윤리이론의 주요 개념 등이
여기에 포함된다. 적용 쟁점은 사실이나 개념을 실제적인 상황
에 적용할 때 발생하는 쟁점에 해당한다. 예를 들어 관련된 사
실 중에서 어떤 것이 더욱 중요한지에 대해 의견이 일치하지 않

을 수도 있고, 겉으로는 동일한 개념을 사용하더라도 그 개념이 의미하는 바가 서로 다를 수도 있다.

해결책은 주로 선긋기 기법(LD, line-drawing)과 창조적 중도 해결책(creative middle way solutions)을 통해 제안된다. 선긋기 기법은 주요 특징들의 일람표를 만든 후 각 특징별로 해당 사안에 점수를 부여함으로써 그 사안이 윤리적인지 아닌지를 판단하는 방법이다. 창조적 중도 해결책은 어떤 행위를 취하기 전에 한 가지 해결책보다는 다양한 해결책들을 찾아봄으로써 관련된 요구들이 가능한 한 충족되는 것을 지향하고 있다.

이와 같은 사례 연구에서 유념할 점은 윤리적 문제는 행위자 또는 참여자의 입장에서 접근해야 한다는 데 있다. 만약 사후적인 재판자의 관점이나 단순한 관찰자의 입장에서 사례 연구에 접근한다면 윤리적 문제가 제기하고 있는 다양하고 복잡한 논점을 놓칠 가능성이 커진다. 이와 함께 분석 기법을 적용하는 경우에도 처음부터 선긋기 기법을 시도하는 것보다는 창조적 중도 해결책을 먼저 모색함으로써 극단적인 상황을 사전에 예방하는 것이 중요하다.

선긋기 기법의 구체적인 예로서 납품 업체의 뇌물 수수에 대해 생각해 보자. 어떤 것이 뇌물이고, 어떤 것이 선물일까? 우선 액수가 크면 뇌물일 가능성이 많고 액수가 작을 경우에는 선물일 가능성이 많다. 또한 의사결정이 이루어지기 전에 제공되면 뇌물로, 반대의 경우에는 선물로 간주될 개연성이 크다. 다른 사람으로부터 무엇을 받은 대가로 납품된 물건의 품질이 저

하되거나 가격이 상승하게 되면 뇌물이라고 할 수 있다. 그 밖에 그 대가가 개인적 이득을 위한 것인지, 그리고 대가의 수용 여부를 혼자서 판단하였는지 등도 중요한 고려 사항이다.

이러한 점을 고려하여 선긋기 기법을 적용해 보면 아래 표와 같다. 여기에서 명백히 그릇된 사례들은 부정적 범례(negative paradigm cases)라고 하고, 별 문제 없이 수용할 수 있는 사례들은 긍정적 범례(positive paradigm cases)라고 하며, 해당 사안은 시험 사례(test case)가 된다. 그리고 해당 사안을 평가할 수 있는 기준이 되는 특징들을 다각도로 열거하고 해당 사안이 각 특징별로 어떤 위치에 해당하는가에 대해 점수를 부여한다. 그 결과 집계된

| 뇌물 수수 여부에 관한 선긋기 기법의 적용 |

특징	부정적 범례 (뇌물)	시험 사례	긍정적 범례 (뇌물 아님)	점수
대가의 크기	크다	-------⊗--	작다	8/10
거래 시기	결정 이전	--⊗-------	결정 이후	3/10
제품의 질	최악	-----⊗----	최상	6/10
제품의 가격	최고	--⊗-------	최저	3/10
이득의 성격	개인적 이득	⊗---------	조직 전체의 이득	1/10
결정의 주체	개인적 결정	⊗---------	공동 결정	1/10
계				22/60

주: 특징별로 가중치를 부여할 수도 있음.

총 점수가 부정적 범례에 가까운지, 아니면 긍정적 범례에 가까운지를 비교해 보면 해당 사안에 대해 어떤 행위를 해야 할 것인지를 판단하는 데 도움을 받을 수 있다. 해당 사안을 평가하기 위한 특징 중에도 더 중요한 것이 있고 덜 중요한 것이 있기 때문에 필요에 따라 특징별로 가중치를 부여할 수도 있다.

무엇보다도 선긋기 기법에서는 해당 사안에 대한 특징들을 다각도로 도출하는 것이 중요하다. 한두 가지 특징에만 집중하는 것은 해당 사안에 대한 의사결정을 하기에 충분하지 않기 때문이다. 이와 함께 너무 추상적인 특징을 내세우지 않도록 유의해야 한다. 모든 사례에 일관되게 적용될 수 있는 특징은 구체적인 의사결정을 하는 데 별로 도움이 되지 않는다. 선긋기 기법은 일종의 관습윤리에 해당한다고도 볼 수 있다. 특정한 사안과 함께 시작하여 부정적 범례 및 긍정적 범례와 비교하는 과정에서 결국 해당 사안을 관련된 도덕적 규칙이나 윤리적 이론과 결부시켜 생각하게 되기 때문이다.

창조적 중도 해결책은 많은 경우에 양자택일보다는 제3의 길이 있다는 점에서 출발한다. 우리는 종종 두 가지 이상의 도덕적 가치들이 서로 충돌하는 상황에 직면한다. 하나의 가치가 다른 가치보다 훨씬 더 중요한 것처럼 보이면, 더 중요한 것은 존중하고 다른 것은 무시하게 된다. 그러나 그것은 쉬운 선택이다. 왜냐하면 많은 경우에 관련된 가치들 모두를 존중할 수 있는 창조적 중도가 있기 때문이다. 이처럼 창조적 중도 해결책은 한 가지 해결책보다는 일련의 해결책들을 검토할 것을 요구한다. 이를 위해서는 어떤 행동을 취하기 전에 상상력을 최대한 발휘하여 가능한 한 많은 해결책들을 찾아보고, 그런 다음에 해결책들의 우선순위를 정하여 가장 만족스러운 것부터 시작해야 한다.

한 가지 예를 들어 보자.[4] A는 공과대학을 졸업한 후 직장에서 2년째 일하고 있다. A는 학교나 빌딩 사이의 교각과 같은 공공 안전의 쟁점을 수반하는 프로젝트를 설계하는 일을 맡고 있다. 어느 날 A는 종종 자신의 업무가 적절하게 검토되지 않은 채 프로젝트가 수행되고 있다는 사실을 깨닫게 되었다. 그는 학창 시절의 교수를 찾아가 자신의 심정을 털어 놓았다. "제가 누군가를 죽일 수도 있는 실수를 하고 있다는 것에 정말로 겁이 났습니다. 저는 최대한 설계를 잘 하려고 노력합니다만, 제게 주어지는 프로젝트들이 점점 더 어려워지고 있습니다. 제가 어떻게 해야 하죠?"

A의 사례는 공학윤리에서 종종 발생하는 공공에 대한 의무와 고용주에 대한 의무가 상충하는 경우에 해당한다. 앞서 언급한 NSPE 윤리강령의 제1조와 제4조가 충돌한 것이다. 여기에서 공공에 대한 의무가 최우선이라고 해서 고용주에 대한 의무를 존중하지 않아서는 안 된다. A는 공공에 대한 의무를 수행하면서도 가능한 한 고용주에 대한 의무도 존중해야 한다. 이에 대한 일련의 선택들을 예시하면 다음과 같다.

---

4   찰스 해리스 외, 김유신 외 옮김, 『공학윤리: 개념과 사례들』 제4판 (북스힐, 2012), pp. 110~113.

① 자신의 상사를 찾아가서 결함이 있을 수도 있는 프로젝트를 추진하는 것은 회사에 이익이 되지 않는다고 지적하면서, 자신의 설계가 적절히 검토되고 있지 않다는 사실로 인해 마음이 편하지 않다고 넌지시 말할 수 있다.

② 좋은 관계를 맺고 있는 조직 내의 다른 사람들에게 말하고, 그들에게 자신의 상사를 설득하는 데 도와 달라고 부탁할 수 있다.

③ 상사에게 자신의 능력과 경험을 넘어선 업무에 계속 종사할 수 있을지 자신할 수 없으며, 자신이 직장을 바꾸는 것을 고려해야 할지도 모른다고 말할 수 있다.

④ 다른 직장을 구할 수도 있다. 그런 다음에 이전의 업무를 그만두게 할 수 있는 다른 사람이나 기관에게 정보를 알릴 수 있다.

⑤ 공학 단체나 언론사에 가서 내부 고발(whistle-blowing)을 할 수 있다.

⑥ 그저 다른 직장을 구해, 또 다른 젊은 공학자가 그 업무를 계속하도록 내버려 둘 수 있다.

⑦ 아무런 저항 없이 자신의 현재 일을 계속할 수 있다.

이와 같은 일련의 선택들 중에서 첫 번째 선택이 아마도 A가 가장 먼저 노력해야 할 것이라고 할 수 있다. 만약 첫 번째 선택이 효력이 없다면 두 번째도 좋은 선택이다. 세 번째 선택은 A가 자신의 고용주와 반대 입장에 놓이게 하기 때문에 별로 바람직하지 못하다. 그러나 만약 첫 번째와 두 번째가 성공적이지 못하다면 그것을 선택해야 할지도 모른다. 네 번째 선택은 고용주와의 관계를 깨뜨리지만 A의 경력과 공공은 보호될 수 있다.

다섯 번째는 고용주와의 결별을 초래하고 A의 경력을 위협할 가능성이 많다. 여섯 번째와 일곱 번째는 그것들이 공공을 보호하지 않기 때문에 분명히 정당화되기 어렵다.

공학윤리에 대한 분석 기법과 관련하여 1999년에 데이비스 (Michael Davis)가 제안한 윤리적 의사결정을 위한 7단계 문제 해결법(seven step guide for ethical decision making)도 주목할 만하다. 그것은 다음과 같은 단계로 이루어져 있다.[5]

① 윤리적 문제를 명확하게 진술한다.
② 사실 관계를 검토한다.
③ 쟁점과 관련된 요인을 식별한다.
④ 쟁점을 해결하기 위해 선택할 방안들을 개발한다.
⑤ 선택할 방안들을 다음과 같은 관점에서 검토한다.

- 위해 시험(harm test): 그 방안이 다른 사람에게 피해를 주는 것은 아닌가?
- 공표 시험(publicity test): 그 방안이 언론을 통해 보도된다면 어떻게 될 것인가?
- 방어가능성 시험(defensibility test): 자신의 의사결정을 공청회 등의 공적 위원회에서 방어할 수 있는가?
- 가역성 시험(reversibility test): 자신이 그 방안을 실행해서 피해를 받는다고 하더라도 그 방안을 지지할 것인가?

---

5 Michael Davis, *Ethics and the University: Professional Ethics* (London and New York: Routledge, 1999), pp. 166~167.

- 동료 시험 (colleague test): 그 방안을 동료에게 설명하였을 경우에 동료는 어떻게 생각할 것인가?
- 전문가 시험 (professional test): 자신이 소속된 전문직 단체는 그 방안을 어떻게 생각할 것인가?
- 조직 시험 (organization test): 조직의 윤리 담당 부서나 자문 변호사는 그 방안을 어떻게 생각할 것인가?

⑥ 1단계부터 5단계까지 검토한 결과를 바탕으로 취해야 할 행위를 결정한다.

⑦ 최종적으로 선택한 방안에 윤리적 문제가 없는지 살펴보고, 그 문제를 개선하기 위해 1단계부터 6단계까지 다시 검토한다.

3.
바람직한
연구 실천

연구윤리의 범위와 쟁점

—   연구윤리는 연구의 계획, 수행, 보고 등과 같은 연구의 전 과정에서 책임 있는 태도로 바람직한 연구를 추진하기 위해 지켜야 할 윤리적 원칙이라고 할 수 있다. 연구윤리의 키워드는 '진실성(integrity)'에 있으며, 진실성을 확보하기 위한 논의와 실천이 연구윤리에 해당한다고 할 수 있다. 진실성은 바람직한 연구가 무엇인지를 압축해서 표현한 단어로서 절차적 투명성과 내용적 객관성을 포괄하는 개념에 해당한다.

이와 유사한 의미를 가진 용어로는 책임 있는 연구 수행(RCR, responsible conduct of research)과 바람직한 연구 실천(GRP, good research practice)이 있다. 전자는 미국에서, 후자는 유럽에서 널리 사용되

고 있는데, 전자는 무책임한 연구 수행을 방지하는 것에 초점을
두고 있는 반면 후자는 훌륭한 연구윤리의 관행을 진작시키는
것을 강조하고 있다. 이에 따라 충실성에 반대되는 개념에 있어
서도 미국에서는 부정행위(misconduct)가, 유럽에서는 부정직성
(dishonesty)이 널리 사용되고 있다.

연구 부정행위와 바람직한 연구 실천 사이에는 연구 부적
절행위(research misbehavior) 또는 의심스러운 연구 실천(QRP,
questionable research practice)으로 불리는 회색 지대가 존재한다는 점
에도 주목할 필요가 있다. 연구 부적절행위는 연구 부정행위처
럼 심각한 것은 아니지만, 그렇다고 해서 결코 바람직한 연구
수행도 아니어서 결과적으로 책임 있는 연구 수행을 방해하거
나 위협하는 행위라고 할 수 있다. 이와 관련하여 연구 부정행
위는 전체 연구 활동의 1% 이하를 차지하고 연구 부적절행위
는 10~50%를 차지한다는 통계도 있다.

연구윤리가 포괄하는 범주는 ① 연구 수행의 과정, ② 연구
결과의 출판, ③ 연구실 생활, ④ 생명체 연구의 윤리, ⑤ 연구
자의 사회적 책임 등의 다섯 가지로 종합할 수 있다.[6] 여기에서
①, ②, ③은 주로 연구계 내부의 윤리적 쟁점에 해당하며 모든
분야에 해당하는 통상적인 의미의 연구윤리라고 할 수 있다. ④
는 동물이나 인간을 대상으로 하는 생물학, 의학, 심리학 등의

---

6 David B. Resnik, *The Ethics of Science: An Introduction* (London: Routledge,
   1998), 송성수, "과학윤리의 범위와 한국 사회에서의 논의", 『과학기술과 사회의 접점을
   찾아서: 과학기술학 탐구』(한울, 2011), pp. 247~271.

특정한 분야에 적용되는 문제에 해당한다. ⑤는 연구자 또는 연구계가 외부 사회에 대하여 적절한 역할과 책임을 수행하고 있는가에 대한 쟁점에 해당한다. 물론 연구윤리가 포괄하는 범주는 논자에 따라 차이가 있을 수 있지만, 이와 같은 다섯 가지의 범주는 서로 밀접히 연관되어 있다. 그것은 연구윤리상의 문제점이 발생한 원인을 진단하거나 이를 예방하기 위한 대책을 마련하는 과정에서 더욱 뚜렷하게 드러난다.

연구 수행 과정에 대한 윤리는 정직하게 충분한 주의를 기울여 충실한 연구를 수행하였는지, 아니면 의도적인 속임수, 부주의, 자기기만(self-deception) 등으로 인해 부적절한 연구 결과를 산출하였는지에 대한 문제에 해당한다. 특히 연구 수행 과정에서 데이터 또는 이론을 위조, 변조, 표절(fabrication, falsification, plagiarism)한 것이 가장 큰 문제가 되고 있다. 또한 연구 수행 과정에서는 데이터 관리가 중요한 쟁점이 되는데, 데이터 분석에서 통계 기법을 오용하지 않는 것과 실험에서 도출된 원 데이터(raw data)를 일정 기간 이상 충실히 보관하는 것이 중요한 요소로 간주되고 있다.

연구 결과의 출판에 대한 윤리에서는 연구에 실질적으로 기여하지 않은 사람을 논문의 저자로 이름을 올리는 명예저자 표시(honorary authorship)를 근절하는 것과 동일한 연구 결과를 중복해서 발표하여 연구 업적을 부풀리는 이중 게재(duplicate publication) 또는 중복 출판(redundant publication)을 피하는 것이 중요한 쟁점으로 간주되고 있다. 이와 함께 과학자가 동료 심사

(peer review)를 거치지 않은 연구 성과를 기자회견 등을 통해 발표함으로써 대중적 명성이나 금전적 이익을 추구하는 것도 중요한 문제로 대두되고 있다.

연구실이나 실험실에서는 멘토(mentor)와 훈련생(mentee)의 관계가 중요한 문제가 된다. 멘토에 해당하는 지도교수나 연구 책임자는 대학원생이나 연구원과 같은 훈련생을 활용 가능한 노동력으로만 보지 말고 적절한 지도를 해 주어야 한다. 또한 여성을 비롯한 소수자 집단(minorities)에 대한 차별(discrimination)이나 괴롭힘(harrassment)이 없어야 한다. 연구원의 채용과 인정에 있어서 충분한 기회를 제공하고, 연구비 및 실험 재료 등과 같은 자원을 공평하게 배분하고 적절히 활용하는 것도 필수적이다. 실험실의 안전을 보장할 수 있는 조치를 강구하는 것과 부정행위에 대한 내부 고발자(whistleblower)를 보호하는 것도 중요한 쟁점에 해당한다.

생명체를 다루는 분야의 윤리에서는 피실험자와 정보에 입각한 동의(informed consent)가 적절히 이루어졌는지, 실험동물에 대한 주의와 배려를 충분히 하였는지가 중요한 쟁점이 되고 있다. 피실험자에게 충분한 정보를 제공하고 실험에 대한 자유로운 동의를 얻는 과정에서는 적절한 절차와 자료를 확보하는 것이 필수적이며, 동물실험에서는 실험동물의 사용을 가급적 피하는 대체(replacement), 가능한 적은 수의 동물을 사용하는 축소(reduction), 실험동물의 고통을 경감시키는 세련화(refinement)가 주요한 원칙으로 제시되고 있다. 최근에는 인간 유전 정보 및 프라이버시에 대한 인권 문제, 인간 유전자 특허의 허용 여부, 유전자 치료와 관련된 우생학적 쟁점 등이 새로운 문제로 부각되고 있다.

연구자의 사회적 책임에서는 무엇보다도 공공 자금을 이용한 연구 활동의 목적과 과정이 공공성을 담보하고 있는지가 중요한 쟁점이 된다. 지나치게 상업적이거나 군사적 목적을 담고 있는 연구를 지양하고, 연구비를 적절한 방식으로 관리하고 집행하며, 연구의 데이터와 결과를 적절히 공유하는 것이 여기에 해당한다. 연구자의 사회적 책임과 관련된 윤리적 쟁점은 이해충돌(conflicts of interest)과 전문가 증언(expert witness) 등으로 확장될 수 있다. 이해 충돌이란 진리 탐구를 통해 인류 복지에 기여한다는 연구의 일차적인 목적이 경제적 이익을 비롯한 부수적인 목적에 영향을 받는 상황을 뜻한다. 이해 충돌의 경우에는 해당 연구자가 스스로 공표하여 의견을 구하는 것이 바람직한 방법으로 간주되고 있다. 전문가 증언은 연구자가 자신의 연구나 사회가 직면한 중요한 문제에 관해 책임 있게 발언하고 독립적인 조언을 제공하는 것을 의미한다. 전문가 증언의 경우에는 관련 연구의 동향과 한계에 대하여 정직하면서도 현실적으로 발언하는 것이 중요시되고 있다.

위조, 변조, 표절

—   위조, 변조, 표절은 연구의 진실성
을 저해하는 가장 전형적인 행위로서 거의 모든 국가에서 연구
부정행위로 취급하고 있다. 이러한 행위는 처음에는 부주의로
시작되어 점차 무모하게 진행되다가 결국에는 의도적인 차원
으로 변화될 수 있으므로 초기 단계에서 미리 예방하는 것이 바
람직하다.

위조는 존재하지 않는 데이터나 연구 결과를 인위적으로 만
들어 내서 그것을 기록하거나 보고하는 행위에 해당한다. 위조
의 유형으로는 한 번도 시행된 적이 없었던 과학 실험의 연구
자료를 부정하게 만드는 것, 실제로 시행한 과학실험을 통해 얻
은 연구 자료에 추가적인 통계학적 유효성을 얻기 위하여 허구
의 연구 자료를 첨가하는 것, 임상 연구에서 연구 계획서에 대
한 순응도를 보여 주기 위해 연구 기록에 임상 정보를 삽입하는
것, 조사를 전혀 하지 않고 가상의 주제에 대한 질문표를 완성
하는 것 등을 들 수 있다.

변조는 연구와 관련된 재료, 장비, 공정 등을 허위로 조작하
는 것, 또는 데이터나 연구 결과를 바꾸거나 삭제하는 것을 통
해 연구의 내용이 정확하게 발표되지 않도록 하는 행위이다. 변
조의 대표적인 유형으로는 가설에 들어맞지 않는 데이터를 제
외하여 실험이나 계산의 결과를 조작하는 요리(cooking)와 측정
한 데이터를 미리 기대한 범위에 맞도록 다듬는 손질(trimming)
을 들 수 있다. 그 밖에 연구 기록에서 날짜나 실험 과정을 바꾸

는 것, 발표 논문에서 연구 대상이나 방법을 그릇되게 설명하는 것, 계속 연구 과제에서 연구비를 신청할 때 연구 자료를 수정하는 것 등도 변조에 포함된다.

표절은 다른 사람의 아이디어, 연구 과정, 결과, 말 등을 정당한 승인이나 적절한 인용 없이 도용하는 행위에 해당한다. 표절의 대표적인 유형으로는 다른 사람의 글을 인용 표시 없이 그대로 옮기는 경우, 두루뭉술하게 인용하여 인용된 글과 저자의 글이 혼용되는 경우, 외국어로 된 글을 번역하여 인용 표시 없이 그대로 사용하는 경우, 심사를 받기 위해 제출된 문건을 자신의 필요에 따라 그대로 사용하는 경우, 자신이 과거에 발표한 문서나 연구 결과를 그대로 다시 사용하는 경우 등을 들 수 있다. 표절은 상당 부분 적절한 인용을 통해 해소될 수 있기 때문에 올바른 인용 방법을 배우는 것이 필수적이다.

저자의 자격과 순서

—   출판된 논문의 양과 질은 연구자의 경력에서 절대적인 역할을 담당한다. 그것은 연구자의 능력과 수준을 나타내는 가장 중요한 척도로서 취업과 승진, 그리고 연구 과제의 수주에 결정적인 지표로 작용한다. SCI(Science Citation Index), SSCI(Social Science Citation Index), A&HCI(Arts and Humanities Citation Index), 인용 지수(impact factor), 제1저자(the first author), 교신 저자(corresponding author) 등과 같은 용어가 널리 사용되는 것

도 이러한 맥락에서 이해할 수 있다.

저자는 연구에 중요한 공헌을 한 사람을 일컫는다. 저자의 자격에 대해서는 아직 공통의 기준이 수립되어 있지 않지만, 현재 널리 통용되고 있는 것으로는 국제의학잡지편집인협의회 (ICMJE, International Committee of Medical Journal Editors)가 제시한 저자의 자격을 들 수 있다.[7] ICMJE는 저자의 자격으로 다음의 세 가지를 들고 있다. 첫째, 연구의 기획이나 자료의 획득, 분석, 해석 등에 상당 부분 기여해야 한다. 둘째, 원고의 초안을 작성하거나 주요 내용을 결정적으로 고치는 데 참여해야 한다. 셋째, 출판될 원고를 최종적으로 승인해야 한다. 위의 세 가지 기준을 모두 만족하지 못한 경우에는 저자의 자격을 인정받기 어렵다. 단순히 자료를 제공한 사람, 기술적 도움을 준 사람, 연구 장비를 제공한 사람, 연구 과제를 지휘한 사람 등은 감사의 글이나 후기를 통해 그 성과를 인정해 주는 것이 바람직하다.

저자 목록에 이름이 오른다는 것은 공로를 인정받는다는 것과 논문에 대한 책임을 진다는 두 가지 의미를 가지고 있다. 일반적인 의미의 책임(responsibility)에 대비하여 전문가로서 연구자에게 부과된 책임은 책무성(accountability)으로 표현된다. 연구자로서 책임을 다한다는 것은 일상적인 의미에서 책임을 지는 것에 그치지 않고, 맡겨진 책무를 설명할 수 있는 것도 포함하는

---

7 International Committee of Medical Journal Editors, "Uniform Requirements for Manuscripts Submitted to Biomedical Journals", available at http://www.icmje.org/urm_main.html.

셈이다. 따라서 논문의 저자에게 부과되는 책임은 논문 내용의 진실성에 대한 책임은 물론 논문의 내용과 의미를 설명하는 책임까지 포함한다.

저자 자격이 없는 사람의 이름을 저자로 올리는 명예저자 표시의 관행도 널리 비판되고 있으며, 그것을 연구 부정행위로 간주하는 경우도 있다. 어떤 사람이 연구에 실질적으로 기여하지 않았는데, 연구를 수행한 조직이나 프로그램의 책임자라고 해서, 연구비를 지원하였다고 해서, 연구 재료를 제공하였다고 해서, 해당 분야의 선도적인 연구자라고 해서 저자로 올려서는 곤란하다. 이와 관련하여 연구 부정행위를 저지른 사람들 중의 상당수는 명예저자 표시를 통해 많은 공동 저자를 확보함으로써 자신의 잘못된 연구에 신뢰도를 확보하려고 애썼다는 점이 밝혀지고 있다.

과학 연구의 규모가 증가함에 따라 한 논문에 참여하는 저자의 수도 크게 늘었다. 이때 기여한 정도에 따라 순서대로 저자목록의 이름이 오른다. 일반적으로 가장 기여도가 높은 연구자가 제1저자가 되어 초고를 작성하고 공동 저자는 담당한 부분을 꼼꼼하게 검토, 수정하는 경우가 많다. 연구 책임자는 대체로 마지막 순서가 되며 교신 저자를 겸하는 것이 관행이다. 교신 저자는 연구 결과에 대한 이후의 논의나 결과물의 공유와 관련된 업무를 수행한다. 제1저자와 교신 저자는 책임 저자라고해서 다른 공동 저자들보다 높은 가중치를 부여하여 그 성과를 인정해 주고 있다.

기여도에 따라 저자의 순서를 정하는 것이 일반적인 원칙이
지만 구체적인 상황에서 기여도를 정확하게 따져 저자 자격의
유무를 가리거나 순서를 정하는 것은 그리 쉬운 일이 아니다.
예를 들어 문제의 설정과 문제의 풀이 중에 어느 것이 기여도가
더 큰지는 문제의 내용과 연구자의 철학에 따라 달라질 수 있
다. 이처럼 기여도에 따라 저자의 순서를 정하기 어려울 때에는
다른 기준을 도입할 수도 있다. 이와 관련하여 몇몇 수학 학술
지들은 저자들의 기여도를 따지는 일 자체가 가능하지 않다고
판단하여 알파벳 순서로 저자를 배열하기도 한다. 대학원생이
나 박사후 연구원과 같은 젊은 연구자들을 우선적으로 배려하
는 경우도 있다. 이러한 경우에는 젊은 연구자들을 무작정 배려
할 것이 아니라 그들에게 적절한 기회를 제공하고 이에 합당한
공로를 인정해 주는 것이 중요하다.

자자의 범위와 순서를 정하는 것은 연구 분야의 특성, 특정
연구가 진행된 과정, 시대적 상황 등에 따라 조금씩 달라질 수
있다. 과거에는 저자의 범위와 순서를 전적으로 연구 책임자
가 결정하는 것이 일반적인 관행이었다. 그러나 최근에는 저자
결정에 대한 갈등 소지를 줄이기 위하여 저자 배분 문제를 함
께 논의하는 것이 권장되고 있다. 이와 관련하여 앞서 언급한
ICMJE는 저자 목록에 실릴 저자의 순서는 공동 저자 간의 합
의로 결정해야 하며, 저자들은 저자 기재 순서에 대한 원칙을
설명할 수 있어야 한다고 요구하고 있다.

연구 부정행위의 처리

　　　　　　　　　　　　우리나라의 경우에는 2005∼2006
년에 발생한 황우석 사건을 계기로 연구윤리에 대한 집중적인
학습이 이루어지면서 본격적인 대책이 강구되기 시작하였다.
예를 들어 2007년 2월에는 과학기술부가 연구 진실성을 검증
하는 기준과 절차를 명시한 '연구윤리 확보를 위한 지침'을 제
정하여 공표한 바 있다. 여기에서 주목할 것은 그 지침이 규정
하고 있는 연구 부정행위의 범위에는 위조, 변조, 표절은 물론
부당한 저자 표시도 포함되어 있으며, '본인 또는 타인의 부정
행위 혐의에 대한 조사를 고의로 방해하거나 제보자에게 위해
를 가하는 행위'와 '각 학문 분야에서 통상적으로 용인되는 범
위를 심각하게 벗어난 행위'도 포함되어 있다는 점이다. 미국이
연구 부정행위를 위조, 변조, 표절에 국한하고 있는 반면, 우리
나라는 연구 부정행위를 폭넓게 규정하고 있는 것이다. 그것은
연구 부정행위의 범위 자체가 가변적이라는 점을 의미한다. 사
실상 연구 부정행위의 범위는 해당 국가나 분야의 문화적 차이
와 연구윤리가 정착된 정도에 따라 달라질 수 있다. 특히 우리
나라의 경우에는 연구윤리에 대한 논의와 실천이 아직 초기 단
계에 있으므로 연구 부정행위를 폭넓게 규정하는 것이 연구윤
리의 실질적인 정착에 도움이 된다고 볼 수 있다.

　과학기술부는 '연구윤리 확보를 위한 지침'을 공포하면서 지
침 공포일로부터 3개월 이내에 과학기술계 정부출연연구기관
과 2002∼2004년에 연평균 100억 원 이상의 국가 연구개발비

를 사용한 대학은 자체 검증 시스템을 구축할 것을 주문하였다. 이를 계기로 많은 대학과 연구 기관에서 연구진실성위원회(ORI, Office of Research Integrity)를 설치하는 등 연구 부정행위에 관한 감독을 강화하고 있는데, 연구 부정행위에 대한 자체 검증 시스템을 구축한 기관은 2007년 9월에 111개에서 2008년 10월에는 254개로 증가한 것으로 집계되고 있다. 또한 교육인적자원부는 2007년 5월부터 대학 및 학술 단체의 연구윤리 활동을 지원하는 사업을 추진해 왔으며, 2007년 12월에는 교육인적자원부의 지원을 바탕으로 연구윤리정보센터가 설치되어 연구윤리의 실천을 위한 다양한 정보를 제공하고 있다(www.cre.or.kr).

우리나라에서는 연구자가 소속된 연구 기관이 연구 부정행위를 검증하는 주체가 되며, 이에 대한 절차는 예비 조사(inquiry), 본조사(investigation), 판정(adjudication)의 세 단계로 구성되어 있다. 예비 조사는 부정행위의 의혹에 대하여 조사할 필요가 있는지 여부를 결정하기 위한 절차를 말하며, 신고 접수일로부터 30일 이내에 착수하여야 한다. 예비 조사 결과 피조사자가 부정행위 사실을 모두 인정한 경우에는 본조사 절차를 거치지 않고 바로 판정을 내릴 수 있다. 본조사는 부정행위의 사실 여부를 입증하기 위한 절차를 말하며, 별도의 조사위원회를 구성하여 진행한다. 조사위원회는 제보자와 피조사자에게 의견 진술의 기회를 주어야 하며, 본조사 결과를 확정하기 이전에 이의 제기와 변론의 기회를 주어야 한다. 판정은 본조사 결과를 확정하고 이를 제보자와 피조사자에게 문서로 통보하는 절차를 말한다. 예비 조사 착수 이후 판정에 이르기까지의 모든 조사 일정은 6개월 이내에 종료하는 것이 원칙이지만, 이 기간 내에 조사가 이루어지기 어렵다고 판단될 경우에는 연구 기관이 연구 지원 기관에 그 사유를 통보하고 조사 기간을 연장할 수 있다. 제보자 또는 피조사자가 판정에 불복할 경우에는 통보를 받은 날로부터 30일 이내에 연구 지원 기관에 이의 신청을 할 수 있으며, 연구 지원 기관은 이의 신청 내용이 합리적이고 타당하다고 판단할 경우 직접 재조사를 실시하여야 한다.

제보자 보호를 위한 제도적 장치로는 익명 제보의 허용, 제보자의 신원 공개 금지, 제보자에 대한 불이익의 금지 등을 들 수 있다. 우선 서면이나 전자우편으로 연구 과제명 또는 논문명, 구체적인 부정행위의 내용과 증거를 포함하여 제보한 경우에는 비록 익명 제보라고 하더라도 실명 제보에 준하여 처리해야 한다. 또한 제보자의 신원에 관한 사항은 정보 공개의 대상이 되지 않으며, 만약 제보자의 신원이 공개될 경우에는 비록 그것이 고의가 아닌 과실이었다고 하더라도 제보의 접수 및 조사에 관계된 모든 기관이 책임을 져야 한다. 그리고 연구 기관과 연구 지원 기관은 제보자가 연구 기관 내외로부터 부당한 간섭이나 압력, 원하지 않는 전보나 징계 등 신분상 불이익, 왕따 등 근무 조건상의 차별, 물리적 위해 등을 받지 않도록 최대한 보호해야 하며, 실제 피해가 발생하였을 경우 신속히 원상회복을 위한 조치를 취해야 한다.

4.
기술의 위험과 안전

위험의 원천

—   독일의 사회학자 울리히 벡(Ulrich
Beck)은 우리가 살고 있는 현대 사회를 '위험사회(risk society)'로
규정한 바 있다. 위험사회란 기본적으로 기술의 급속한 발전이
만들어 내는 수많은 인위적인 위험들에 둘러싸여 있는 사회를
말한다. 이러한 위험사회에서는 기술의 발전이 기존의 위험을
경감시키거나 해소하는 역할을 하기도 하지만, 역설적이게도
새로운 위험을 만들어 내기도 한다. 특히 자연적 위해는 비교적
규칙적으로 발생하는 것에 비해 기술과 관련된 위험은 예측이
어려울 정도로 갑자기 등장하는 경향을 보이고 있다.

이처럼 위험의 근저에는 기술이 놓여 있다. 사실상 절대적으
로 안전한 기술은 존재하지 않으며 모든 기술은 위험을 내포하

고 있다. 특히 기술은 혁신적인 일과 관련되어 있기 때문에 위험 요소가 크게 증가한다. 예를 들어 새로운 설계나 재료를 바탕으로 다리나 건물을 만들 경우에는 이전에 고려되지 않았던 위험 요소가 발생할 수 있다. 또한 엔지니어가 새로운 영역을 개척하지 않고 해마다 같은 식으로 기술을 개발한다고 하더라도 재해가 일어날 가능성은 여전히 존재한다. 한때 안전하다고 생각하였던 제품, 공정, 그리고 화학물질에서도 새로운 위험이 발견될 수 있다. DDT와 석면이 대표적인 예이다.

이러한 맥락에서 위험을 추정하거나 평가하는 기법도 상당한 발전을 보여 왔다. 그러나 위험을 예상하고 평가하는 것은 쉬운 일이 아니다. 우리는 위험을 확률적으로 추정할 수 있을 뿐이며, 이에 대한 예상이나 평가도 완전히 정확하게 할 수는 없다. 이처럼 위험을 산정하기 어려운 것은 오늘날 기술이 매우 복잡하고 밀접하게 결합된 시스템의 성격을 띠고 있기 때문이다. 한 부분에서 발생한 문제점이 다른 부분에 빠르게 영향을 미칠 수 있고 시스템의 부분들이 예상하지 못한 방식으로 상호작용을 할 수도 있다.

이와 같은 기술 시스템의 복잡성과 밀접한 결합이 위험을 증가시키는 유일한 요인은 아니다. 기술적 차원의 문제가 없더라도 예기치 않은 사건들이 중첩되어 위험한 사태가 발생할 수 있다. 1962년 10월에 뉴욕의 한 빌딩에서 발생한 보일러 폭발 사고는 이러한 점을 잘 보여 준다.[8] 당시에 전기공들은 보일러를 설치하던 중에 연료 차단 시스템을 연결하지 않은 채 점심을 먹으러 갔다. 그들은 점심 식사를 한 후 곧바로 작업을 계속할 생각이었기 때문에 연료 차단 시스템을 연결하지 않은 것이다. 그날 빌딩 관리인은 날씨가 따뜻해서 라디에이터로 스팀을 내보내지 않을 생각으로 으뜸밸브를 잠근 후 점심을 먹으러 갔다. 따뜻한 날씨에 스팀까지 들어오면 빌딩에 거주하는 사람들이 너무 덥다고 항의할 수도 있었기 때문이다. 게다가 하필이면 그날이 월급날이었다. 빌딩에 거주하는 사람들은 평소에는 외부로 나가 점심을 먹는데, 마침 월급날이어서 많은 사람들이 점심을 빨리 먹고 은행에 갈 생각으로 빌딩 내부의 카페테리아로 모여든 것이다. 이러한 사건들이 마치 머피의 법칙처럼 중첩된 가운데 보일러가 폭발하는 바람에 25명의 사망자와 100명의 부상자가 발생하고 말았다.

더 나아가 안전 기준에서 벗어난 일탈을 허용하고 그 범위를 점차 증가시킴으로써 위험에 둔감해질 수도 있다. 즉 일탈을 야기하는 설계나 조건을 수정하는 대신에 이를 허용할 만한 것으로 받아들이는 경향이 지속되면 일탈의 범위 자체가 확대됨으로써 커다란 재앙을 초래할 수 있는 것이다. 보건(Diane Vaughan)은 이러한 현상을 '일탈의 정상화(normalization of deviance)'라고 명명한 바 있다.[9] 챌린저호 사고를 비롯하여 역사상 발생한 많은

---

8 찰스 해리스 외, 김유신 외 옮김, 『공학윤리: 개념과 사례들』 제4판 (북스힐, 2012),
   pp. 216~218.

9 Diane Vaughan, *The Challenger Launch Decision: Risky Technology, Culture,
   and Deviance at NASA* (Chicago: University of Chicago Press, 1996).

사고들은 이처럼 새롭게 야기된 문제점을 고치려고 애쓰지 않고 그 문제점을 허용할 만한 것으로 간주함으로써 발생한 것이라고 할 수 있다.

또한 어떤 기술이 개발된 지역에서는 제대로 작동하더라도 다른 지역으로 이전될 경우에는 위험이 증가할 수 있다. 1984년에 발생한 보팔 사고가 대표적인 예이다. 당시에 인도의 보팔에서는 미국의 유니온 카바이드가 농약을 생산하는 공장을 운영하고 있었는데, 유독 가스가 유출되면서 50만 명이 이에 노출되었고 그중에서 2만 명이 사망하는 사고가 발생하였다. 이것은 운전공의 기계 조작 미숙, 밸브 파열 시 안전장치의 부재, 조기 경보 체제의 오작동 등이 결합하여 발생한 사고였다. 기술을 개발한 당사자는 그 기술이 어떻게 작동하고 어디가 취약한지에 대해 비교적 잘 알고 있는 반면, 기술이 이전되는 경우에는 이러한 작동 원리에 대한 이해와 위험성에 대한 인지도가 낮아질 수 있는 것이다.

위험에 대한 접근법

—   사실상 100% 안전한 것은 존재하지 않으며, 우리에게 실질적으로 중요한 개념은 '허용할 만한 위험(acceptable risk)'이라고 할 수 있다. 문제는 허용할 만한 위험에 대해서도 행위자가 속한 집단의 성격에 따라 접근하는 방식이 다르다는 점에 있다. 그것은 전문가의 접근법, 일반인의 접

근법, 규제 당국의 접근법으로 구분할 수 있다.

전문가의 접근법은 주로 위험을 '피해가 일어날 확률과 피해의 크기의 곱'으로 정의하며, 피해의 정도가 이익의 정도에 비해 작으면 그 위험을 허용할 수 있는 것으로 간주한다. 이것은 공리주의의 한 가지 유형인 비용편익분석을 위험에 적용한 것으로서 위험편익분석(risk-benefit analysis)으로 불린다. 이러한 전문가의 접근법은 위험을 정량화함으로써 구체적인 대응책을 마련할 수 있다는 장점을 가지고 있다. 그러나 각 선택과 관련된 이익이나 비용 전부를 예상하기 어렵다는 점, 모든 위험과 이익을 금전적으로 환산할 수 없다는 점, 비용과 이익의 공정한 분배를 고려하지 않는다는 점 등의 문제점을 가지고 있다.

이에 반해 일반인은 전문가와는 다른 종류의 관심사를 많이 가지고 있다. 즉 위험을 자발적으로 떠맡고 있는지, 위험이 큰 재해로 이어질 수 있는지, 위험의 원인에 대해 어느 정도 알고 있는지 등이 중요한 고려 사항이 된다. 이와 관련하여 미국의 엔지니어인 스타(Chauncey Starr)는 이미 1969년에 「사이언스 (Science)」에 발표된 논문을 통해 사람들이 스스로 선택한 위험에 대해서는 훨씬 관대하다는 점을 지적하면서 '드러난 선호 (revealed preference)'라는 개념을 제기하였다.[10] 위험에 대한 또 다른 연구는 다음과 같은 흥미로운 연구 결과를 제시한 바 있다. 만약 위험이 인위적으로 기원된 것이라면 예상 위험은 자연적

---

10 Chauncey Starr, "Social Benefit versus Technological Risk", *Science*, Vol. 165 (1969), pp. 1232~1238.

으로 발생한 것보다 20배나 크게 느껴진다. 기원이 자연적이든 인위적이든 간에 무의식적으로 떠맡은 위험은 자발적으로 떠맡은 위험보다 100배 큰 것으로 인식된다. 즉각적인 위험은 지연된 위험보다 30배 큰 것으로 지각된다. 파멸적인 위험은 일반적인 위험보다 30배 큰 것으로 느껴진다.[11] 이와 같은 논의는 일반인의 접근법에서는 위험이 본질적으로 주관적이기 때문에 위험을 단순히 확률로 계산할 수 없다는 점을 시사하고 있다.

정부를 비롯한 규제 당국은 공공에게 이익을 주는 것보다 피해를 입지 않도록 위험으로부터 보호하는 것에 훨씬 많은 비중을 두는 경향이 있다. 이처럼 규제 당국이 위험에 대해 다소 소극적인 태도를 보이는 것은 위험관리가 가지고 있는 딜레마 때문이다. 즉 규제 당국이 위험에 적극적으로 대응하려는 의도를 표방한다고 하더라도 위험을 증명할 수 있는 인과 관계가 불확실한 경우가 대부분이며, 이와 함께 위험을 제거할 수 있는 현실적인 방안이나 기술이 구비되지 않은 경우가 많기 때문이다.

위험의 유형과 관리

―   위험에 관한 최근의 논의는 불확실성(uncertainty)의 문제를 적극적으로 제기하고 있다. 이와 관련하

―――――――

11 Dan Litai, "A Risk Comparison Methodology for the Assessment of Acceptable Risk", Ph.D. dissertation (Cambridge, MA: Massachusetts Institute of Technology, 1980).

여 펀토위츠(Silvio O. Funtowicz)와 라베츠(Jerome R. Ravetz)는 20세기 후반에 '탈(脫)정상과학(post-normal science)'의 시대로 접어들었다고 주장하고 있다.[12] 지구 온난화, 광우병, 유전자 변형 식품, 방사성 폐기물 처리장 등에 대한 논쟁에서 볼 수 있듯이, 과학은 오늘날의 많은 사회적 쟁점에 대해 빠르고 확실한 대답을 제공해 주지 못하고 있다. 확실성을 제공해 주던 정상과학의 낡은 패러다임은 더 이상 유효하지 않게 된 것이다. 이제 과학은 탈정상 국면으로 이행하고 있는데, '사실은 불확실하고, 가치는 논쟁에 휩싸여 있으며, 위험 부담은 크고, 결정은 시급한' 국면이다.

펀토위츠와 라베츠에 따르면, 위험의 불확실성에는 기술적 불확실성(technical uncertainty), 방법론적 불확실성(methodological uncertainty), 인식론적 불확실성(epistemological uncertainty)이 있다. 기술적 불확실성은 데이터 수집 및 분석에서의 불확실성으로 측정의 오차에서 비롯되는 부정확성을 의미한다. 방법론적 불확실성은 수집된 위험 정보를 분석하는 데 사용되는 방법이나 모델과 분석자에 대한 신뢰와 관련되어 있다. 기술적 불확실성이 하나의 분석 방법이나 모델에서의 측정 오차와 관련되어 있다면, 방법론적 불확실성은 서로 다른 분석 방법이나 모델 중에서 어떤 것이 신뢰할 만한가 하는 문제와 결부되어 있다. 인식

---

12 Silvio O. Funtowicz and Jerome R. Ravetz, "Three Types of Risk Assessment and the Emergence of Post-Normal Science", Sheldon Krimsky and Dominic Golding (eds.), Social Theories of Risk (London: Praeger, 1992), pp. 251~273.

론적 불확실성은 불확정성(indeterminacy)과 무지(ignorance)로 구분
된다. 불확정성은 사회적 집단의 문제의 틀의 차이에 따라 인식
의 차이가 발생함으로써 생산되는 불확실성이며, 무지는 인간
인식의 한계로 실제와 지식 사이의 극복할 수 없는 절대적 간극
을 의미한다.

그렇다면 이와 같은 위험에 대응하기 위해서는 어떤 전략
이 필요한가? 펀토위츠와 라베츠는 시스템의 불확실성(system
uncertainty)과 의사결정에 따르는 위험 부담(decision stakes)을 기준
으로 다음과 같은 세 가지 유형의 문제 해결 방식을 구분하고
있다. 시스템의 불확실성도 낮고 의사결정에 따르는 위험 부담
도 낮은 영역에 해당하는 응용과학(applied science), 중간 정도의

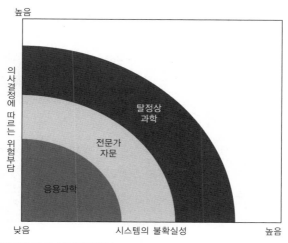

| 위험에 관한 세 가지 문제해결 방식

영역에 해당하는 전문가 자문(professional consultancy), 불확실성도 높고 위험 부담도 큰 탈정상과학이 그것이다.

여기에서 응용과학 전략은 과학적 실험이나 관찰에서 얻은 결과를 활용하여 효과적으로 위험을 관리할 수 있는 경우를 말하고, 전문가 자문 전략은 델파이 조사를 실시하거나 전문가 위원회를 구성하여 고차원의 숙련을 쌓은 전문가의 판단을 활용하는 경우를 뜻한다. 탈정상과학의 영역에서는 퍼즐을 풀이하는 식으로 과학을 응용하거나 관련 전문가에게 자문을 구해서 해결책을 마련하는 방식이 더 이상 효력을 발휘할 수 없다. 탈정상과학의 가장 중요한 특징은 과학의 주체가 과학자 공동체에서 시민과 이해 집단을 포함하는 확장된 동료 공동체(extended peer community)로 바뀐다는 데 있다. 왜냐하면 극심한 불확실성과 위험 앞에서는 과학자들 역시 아마추어이기 때문이다. 과학적 사실도 실험 결과뿐만 아니라 관련 당사자의 경험, 지식, 역사 등을 포함하는 확장된 사실(extended facts)로 바뀐다. 문제를 해결하는 과학자들의 활동도 단지 실험실에 국한되지 않고 정치적 타협, 대화, 설득 등을 포함하는 것으로 바뀐다. 이러한 변화는 과학기술을 실험실 밖으로 끌어내어 모두가 참여하는 가운데 과학기술의 사회적, 문화적, 정치적 측면에 대해 논의하는 공공 논쟁의 필요성을 부각시키고 있다.

여기에서 우리는 위험 관리의 유형별 전략에 따라 위험 관리에 참여하는 주요 행위자가 달라진다는 데 주목할 필요가 있다. 응용과학 전략에서는 정부가 해당 전문가를 활용하여 위험을 관리하는 방식이 적절하고, 전문가 자문 전략에서는 다양한 전문가 집단이 참여해서 각자의 전문성을 발휘하여 대책을 수립하는 것이 중요하며, 탈정상과학 전략에서는 전문가는 물론 일반인과 정부가 모두 참여하여 해당 위험에 대처하는 데 필요한 사회적 합의를 이루어가는 과정이 필요한 것이다.

위험에 대한 엔지니어의 자세

기술의 역사는 실패의 역사라고도 할 수 있다. 역사상 수많은 기술적 성취가 이루어져 왔지만 이에 수반되는 사고도 빈번히 발생해 왔다. 이러한 역사적 경험이 축적되면서 공학 단체는 위험을 예방하는 데 필요한 몇몇 기술적 실천도 마련해 왔다. 이에 대한 대표적인 개념으로는 '안전계수(factor of safety)'를 들 수 있다. 예를 들어 도로를 건설하는 경우에는 안전계수를 6으로 잡는다. 도로가 지탱할 수 있는 최대 무게의 3배를 감당할 수 있는 구조를 갖추어야 하고, 여기에 도로 건설에 사용되는 자재가 제대로 된 성능을 내지 못할 경우를 대비하여 그 성능을 2배로 상정하는 것이다.

엔지니어가 위험에 적절히 대처하기 위해서는 무엇보다도 기술과 관련된 위험의 심각성을 알아야 한다. 건물의 잘못된 설계는 건물주에게 경제적 손실을 줄 수 있고, 거주자를 죽음으로 몰아갈 수도 있다. 또한 화학공장의 잘못된 설계는 사고나 경제적 재앙을 불러일으킬 수 있다. 이와 함께 엔지니어는 자신의 업무가 위험 요소를 증가시킬 가능성이 있는 경우에 이를 감추거나 과소평가하지 말고 해당 정보를 공개해야 한다. 이와 관련하여 IEEE의 윤리강령 제1조는 공공의 안전, 건강, 복지에 위협을 가할 수 있는 요소들을 즉각적으로 공개할 것을 요구하고 있다.

이와 함께 엔지니어는 위험에 접근할 때 전문가의 관점뿐만 아니라 일반인과 정부 규제자의 시각에도 주의를 기울여야 한다. 전문가의 관점에만 몰입하다 보면 위험을 예방하거나 실제적으로 대처하는 것이 어렵기 때문이다. 일반인의 관점과 관련해서는 해당 위험에 대한 '정보에 입각한 동의(informed consent)'가 필수적이다. 어떤 프로젝트로 인해 증가되는 위험으로부터 영향을 받는 사람들이 사전에 충분한 정보를 받은 상태에서 자유로운 동의를 하는 절차가 필요한 것이다. 위험의 규제와 관련된 법규를 준수하는 것도 필수적이다. 그것은 엔지니어가 지켜야 할 최소한의 사항을 담고 있고 이에 대한 증거 기준이 피고보다는 원고에 유리하기 때문에 관련 법규를 지키지 않는 것은 도덕적 측면은 물론 실제적 측면에서도 많은 문제점을 유발한다.

위험의 성격에 따라 전문가에게 요구되는 능력이 달라진다는 점에도 주의를 기울일 필요가 있다. 기술적 차원의 위험에서는 이미 확립된 과학기술적 지식을 바탕으로 자신의 전문성을 발휘하는 것이 요구되지만, 방법론적 차원의 위험에서는 자신의 분야에 대한 전문성뿐만 아니라 다른 분야를 인정하고 다른 전문가와 의사소통을 할 수 있는 능력을 구비해야 한다. 더 나아가 인식론적 차원의 불확실성에 대처하는 과정에서는 전문가들조차도 의견이 일치하지 않는 경우가 종종 발생하기 때문에 일반인들의 삶의 경험에서 우러나온 지식 역시 중요하게 고려하여야 한다.

5.
피고용인으로서의
엔지니어

엔지니어의 윤리적 갈등

—   엔지니어는 대부분 피고용인의 신
분을 가지고 있으며 공공에 대한 의무와 고용주에 대한 의무가
상충하는 경우를 종종 경험한다. 이와 같은 윤리적 갈등이 발생
할 때 엔지니어가 취하는 행위와 이에 대한 사회적 조치도 매우
다양한 형태로 나타나고 있다. 여기에서는 다음과 같은 네 가지
사례를 통해 엔지니어의 윤리적 갈등에 대한 논의를 구체화하
고자 한다. 핀토(Pinto) 사건은 엔지니어들이 공식적으로 문제점
을 제기하지 않은 경우에 해당하고, 챌린저호 사고는 엔지니어
들이 문제점을 제기하였으나 그것이 수용되지 않은 사례에 해
당하며, 하수 시스템의 사례는 문제점을 제기한 엔지니어가 불
이익을 받은 경우를, 고속철도 시스템의 사례는 문제점을 폭로

한 엔지니어들이 사후에 보호된 경우를 보여 준다.

첫 번째 사례는 미국 포드사의 핀토 소송 사건이다. 핀토는 1970년대에 포드가 생산한 자동차의 이름이다. 1978년 8월 17일, 시속 50마일로 달려오던 밴이 핀토를 들이받는 사고가 발생하였다. 이 사고로 핀토의 연료 탱크에 화재가 발생하여 탑승자 중 1명은 사망하고 다른 1명은 큰 화상을 입었다. 담당 검사는 미필적 고의에 의한 살인(reckless homicide)이라는 혐의로 포드를 기소하였다. 그는 포드가 핀토의 설계 결함을 이미 알고 있었고 그것이 상당한 위험을 야기할 것으로 예상되었음에도 불구하고 핀토를 계속해서 판매하였다고 주장하였다. 실제로 포드의 엔지니어들은 핀토가 20마일 정도의 후미 충격으로도 화재가 발생할 수 있는 결함을 가지고 있고 6.65달러 정도의 추가 비용을 들여 안전장치를 설치하면 사고를 예방할 수 있다는 사실을 이미 알고 있었다. 그러나 소송은 당시 사고 차량의 연료 탱크 뚜껑이 열려 있었기 때문에 휘발유가 새어 나와 화재 위험이 커졌다는 이유로 인해 포드의 승리로 끝났다.

두 번째 사례는 서두에서 언급한 챌린저호 사고이다.

세 번째 사례는 시드니 하수 시스템 개발 계획이다. 1989년에 호주에서는 시드니 북쪽에 하수 시스템을 개발하는 계획이 추진되고 있었다. 건설 예정지 인근에 있는 해변은 서핑으로 유명한 지역이었고 독특한 해양 생태계를 가지고 있었다. 당시에 의회의 의뢰를 받았던 엔지니어들은 하수 배출구를 그 지역에 설치할 수밖에 없다는 입장을 가지고 있었다. 그런데 토저(J. Tozer)라는 엔지니어가 의회 측의 엔지니어들이 하수 배출구가 환경에 미친 결과에 대해 왜곡된 견해를 퍼뜨렸으며 그 대안에 대해 충분히 연구하지 않았다는 논평을 작성하여 언론에 발표하였다. 이에 의회 측 엔지니어들은 부적절한 지식으로 자신들을 비판하였다는 이유를 들어 토저를 호주컨설팅엔지니어협회에 고발하였다. 협회는 일단의 조사 후에 토저가 "과도하고 공개적으로 상대방을 비판하였다."라는 점에서 윤리강령을 위반하였다고 결론지었고 이에 따라 토저의 회원 자격 연장을 거부하였다.

네 번째 사례는 샌프란스시코만 고속철도 시스템이다. 1971년부터 미국의 샌프란시스코만에 지역 고속철도 시스템이 가동되었는데 자동제어시스템에서 몇 가지 문제가 빈번히 발생하였다. 1972년에 이 사업에 참여하였던 3명의 엔지니어들은 자동제어시스템에 기술적 결함이 있다고 판단하여 이에 대한 대책을 요청하였다. 그들은 상급자로부터 만족스러운 대답을 듣지 못하자 이사회에 문제점에 대한 검토를 요청하면서 관련 사항을 언론에 공개하였다. 그러나 그들은 피고용인으로서 부적절한 행동을 하였다는 이유로 회사에서 해고되었고 새로운 일자리를 찾는 과정에서도 많은 고통을 받았다. 그들은 1974년에 IEEE의 도움을 바탕으로 회사에 대하여 87만 5,000달러가 걸린 소송을 제기하였다. 결국 그들은 재판이 열리기 며칠 전에 고용주를 속였기 때문에 재판에서 이기기 어렵다는 변호사의 조언을 받아들여 7만 5,000달러의 보상금을 받는 조건으로 회사와 합의하였다. 1978년에 IEEE는 '전기전자공학회 윤리강령의 정신을 지키려는 용기를 가진' 세 명의 회원에게 상을 수여하였다.

엔지니어와 경영자의 관계

—   엔지니어와 경영자의 관계도 간단하지 않다. 엔지니어와 경영자가 명확하게 구분된다는 주장도 있고 그렇지 않다는 견해도 있다. 엔지니어와 경영자의 차이를 부각시키는 주장은, 엔지니어는 전문적인 영역을 강조하면서 세부적 사항에 관심을 많이 두는 반면, 경영자는 사물보다는 사람에 초점을 맞추면서 상사나 동료에 대한 충성을 우선적인 덕목으로 받아들인다는 점에 주목한다. 이에 반해 엔지니어와 경영자를 명확하게 구분하기 어렵다는 주장은, 엔지니어는 경력을 쌓으면서 중간 관리자로 활동하는 경우가 많을 뿐만 아니라 최근에는 최고 경영자 중에서 엔지니어 출신이 점차적으로 증가하고 있다는 점에 주목한다.

어떤 사람이 경영자이든 엔지니어이든, 아니면 모두에 해당하든 간에 경영자와 엔지니어가 담당하는 기능과 역할에는 차이가 있다. 이와 관련하여 히타치 재단(Hitachi Foundation)의 경험적 연구는 광범위한 인터뷰를 바탕으로 경영자와 엔지니어의 시각 차이를 체계적으로 논의하고 있다. 우선 인터뷰를 한 엔지니어들과 경영자들은 엔지니어가 훌륭한 경영자로 활동하기 위해서는 시각을 바꾸어야 한다는 것에 대부분 동의하였다. 여기에는 공학적 세부사항에 지나친 관심을 기울이지 말아야 한다는 점, 사물보다는 사람에게 초점을 맞추어야 한다는 점 등이 포함된다. 또한 안전 문제와 품질 문제에 대해서는 공학적 고려사항이 우선권을 가져야 한다는 것을 대부분의 경영자들과 엔지니어들이 인정하고 있다고 지적하였다.

　이러한 연구 결과를 감안하여 해리스(Charles Harris) 등은 적절한 공학적 결정(PED, proper engineering decision)과 적절한 경영적 결정(PMD, proper management decision)을 구분하고 있다. PED는 "공학적 전문성을 필요로 하는 기술적 문제를 포함하기 때문에 또는 엔지니어 단체의 헌장에 구현된 윤리적 기준에 해당하기 때문에 엔지니어에 의해서 내려지거나 적어도 전문적 공학 실천에 의해 통제되어야 하는 의사결정"에 해당하고, PMD는 "비용, 스케줄, 마케팅, 그리고 피고용인의 사기와 복지 등과 같은 조직의 복리에 관계되는 요소를 포함하기 때문에 또는 기술적 업무와 윤리적 기준에 의거하여 수용할 수 없는 타협을 엔지니어들이나 전문가들에게 강요하지 않기 때문에 경영자에 의해서 내려지거나 적어도 경영상의 고려에 의해 통제되어야 하는 의사결정"에 해당한다.[13] 이와 같은 논의는 적어도 공학적 업무나 윤리강령의 기준에 속하는 사항에서는 엔지니어에 의한 결정이 우선시되어야 한다는 점을 함축하고 있다.

13　찰스 해리스 외, 김유신 외 옮김, 『공학윤리: 개념과 사례들』 제4판 (북스힐, 2012), p. 241.

충성과 불복종

—　　　　　　　　　　주로 PED에 해당하는 의사결정임
에도 불구하고 경영진에 의해 무시될 수도 있는데, 이러한 상황
에서 발생하는 문제가 엔지니어의 조직에 대한 충성이다. 우리
가 조선시대의 어떤 신하를 두고 그가 충신인지 간신인지를 논
의할 때 잘 드러나듯이, 엔지니어의 충성도 맹목적인 충성(blind
loyalty) 또는 무비판적인 충성(uncritical loyalty)과 비판적인 충성
(critical loyalty)으로 구분할 수 있다. 전자는 고용주의 관심을 다른
모든 고려 사항보다 우위에 두는 것임에 반해, 후자는 전문가적
의무와 상충되지 않는 한에서만 고용주에게 충성하는 것을 의
미한다.

여기에서 비판적인 충성은 고용주의 요구와 전문직 윤리를
모두 존중하려고 하는 창조적 중도 해결책에 해당한다. 비판적
인 충성은 단기적으로는 고용주와의 갈등을 유발할 수 있지만
결국은 고용주나 기업 전체에게 이익이 되는 방향으로 작용할
수 있다. 또한 기업의 이익을 명목으로 고용주의 지시를 무조건
따랐지만 그것이 공공의 이익에 대한 법률을 위반한 경우에는
기업이나 피고용인 모두에게 큰 손해가 될 수 있다는 점도 유념
해야 한다.

비판적인 충성에는 불복종이 따라오기 마련이며, 여기에는
반대 행동에 의한 불복종, 불참에 의한 불복종, 항의에 의한 불
복종 등이 포함된다. 반대 행위에 의한 불복종은 경영자에 의
해 인지되도록 회사의 이익에 반대되는 행동에 참여하는 것을

뜻하고, 불참에 의한 불복종은 개인적 또는 전문직업적 윤리에 반대되기 때문에 특정한 과제의 수행을 거부하는 것을 의미한다. 항의에 의한 불복종은 회사의 정책이나 행위에 공개적으로 이의를 제기하는 것을 지칭한다. 물론 이러한 불복종을 악용하여 자신의 행위를 합리화하는 것은 경계하여야 한다. 예를 들어 지루하거나 도전적이지 않은 프로젝트를 피하거나 개인적으로 어려움이 있는 사람과 함께 일하지 않으려는 수단으로 불참에 의한 불복종을 악용해서는 안 된다.

이와 같은 불복종은 해당 엔지니어에게 고용이나 승진 등에서 불이익을 가져다 줄 공산이 크다. 따라서 엔지니어가 전문가로서 조직에 대한 비판적인 충성을 유지하기 위해서는 이를 보호할 수 있는 제도적 장치가 필요하다. 가장 간단하면서도 효과적인 방법으로는 고용주가 스스로 문호를 개방하여 피고용인들과 대화하는 정책을 들 수 있다. 조직 내에 윤리 핫라인(ethics hotlines)을 설치하여 피고용인들의 불만이나 충고를 청취하는 것도 필요하다. 공학 단체나 기업에서 윤리위원회를 구성하거나 옴부즈맨(ombudsman) 제도를 확립하는 것도 피고용인의 정당한 권리와 불복종을 보호하는 장치로 작동하고 있다. 미국의 원자력규제위원회(Nuclear Regulatory Commission)가 '전문가 의견을 달리하기(Differing Professional Opinions)'라는 공식적인 절차를 마련하여 주요 사안에 대해 자신의 의견과 반대편의 의견을 진술하도록 하고 있는 것은 주목할 만하다.

내부 고발

— 이러한 방법으로 문제가 해결되지 않을 경우에는 해당 문제점을 조직의 외부에 알리는 내부 고발도 가능하다. 내부 고발은 고용주가 불법 행위나 부당 행위를 하여 공공의 이익을 침해한다고 확신한 경우에 공적인 기구를 사용하여 조직 내부의 문제를 외부에 알리는 행위를 말한다. 내부 고발자의 비리 폭로에 대해 해당 조직은 대부분 방어적·보복적 대응을 하기 마련이다. 부당한 배치 전환, 인사상 불이익, 퇴직이나 해임 등이 대표적인 예이다.

이에 대응하여 세계 각국은 내부 고발자를 보호하기 위한 법률을 제정하여 부분 사회의 이익보다는 전체 사회의 이익을 증진할 수 있도록 하고 있다. 내부 고발자 보호 제도는 고발자의 신변과 신분을 보장하는 동시에 책임을 감면하고, 경우에 따라 보상하기도 한다. 미국에서는 1981년에 미시건 주가 내부 고발자 보호법을 마련하였으며, 1989년에는 연방 정부 차원의 내부 고발자 보호법을 제정하였다. 이어 영국은 1998년에 공익 폭로법을 제정하였고, 일본은 2006년에 공익통보자 보호법을 마련하였다. 우리나라에서는 2001년에 부패방지법이 마련되어 공직자의 직권 남용 행위를 규제하고 있고, 2011년에는 이를 민간 부문으로 확장한 공익신고자 보호법이 제정되었다.

그러나 이러한 법적·제도적 장치가 내부 고발자를 완전히 보호할 수 있는 수단은 아니다. 내부 고발자가 아무리 공식적으로 보호를 받는다고 하더라도 비공식적으로는 엄청난 고통을 감내해야 할 상황이 발생할 수 있기 때문이다. 따라서 내부 고발이라는 것은 다른 통로가 차단되었을 때 취해야 하는 마지막 조치의 성격을 띤다고 볼 수 있다. 조직 내에서 가능한 경로를 사용한 후에도 중요한 문제가 해결되지 않을 경우에 내부 고발이 정당화되고 효과적일 수 있는 것이다.[14]

그렇다면 내부 고발 이전에 어떤 절차를 밟는 것이 필요할까? 우선 피고용인은 자신의 주장이 합당하다는 것을 보여 주기 위해 객관적인 자료를 충분히 확보하는 것이 필요하다. 또한 자신의 의견이 얼마나 보편적으로 정당한지를 판단하기 위해 다른 사람들의 의견을 들어야 하며, 필요하다면 전문직 단체의 윤리위원회나 기업윤리 전문가의 조언을 요청해야 한다. 자신의 주장에 찬성하는 동료들을 결집하는 것도 중요한데, 그렇지 않으면 불만을 품은 한 직원의 개인적 의견으로 치부되기 십상이다. 이어 직속 상관이나 고용주를 만나 자신이 수집한 자료를 보여 주고 그들의 이해와 지원을 요청해야 한다. 이때 인신공격을 해서는 곤란하고 해당 사안에 초점을 맞추어야 하며, 가능하다면 부정적인 비판을 넘어 긍정적인 대안을 제시하는 것이 중요하다.

---

14 내부 고발에 대한 자세한 논의는 Gene G. James, "Whistle-blowing: Its Moral Justification", Deborah G. Johnson (ed.), *Ethical Issues in Engineering*, (Englewood Cliffs, NJ.: Prentice-Hall, 1991), pp. 263~278을 참조.

6.
엔지니어와
환경

환경오염의 가속화

―　　　　　　　　　"하늘은 말갛지, 햇빛은 따뜻하지, 산은 파랗지, 저렇게 시냇물은 흐르지, 그리고 저 풀들은 아주 기운 있게 자라지. 우리들은 그 속에 앉았구려, 아이구 좋아라." 1917년에 발간된 이광수의 『무정』에 나오는 구절이다. 여기에서 우리는 당시의 풍족한 자연환경을 상상할 수 있다. '하늘은 말갛지'에서 대기오염이 없는 하늘을 볼 수 있고, '산은 파랗지'에서 산성비의 피해가 없는 푸른 숲을 연상할 수 있으며, '저렇게 시냇물은 흐르지'에서 물의 풍부함과 깨끗함을 느낄 수 있다. 마지막 문장인 '우리들은 그 속에 앉았구려, 아이구 좋아라.'는 인간과 자연과의 교감, 그리고 그로 말미암은 희열을 잘 나타내 주고 있다. 그러나 『무정』이 발표된지 100년도 지나지

않은 지금의 실상은 이와 정반대여서 참으로 안타깝다.

　19세기 이후 급속히 진행된 산업화가 환경에 미치는 부정적인 영향은 20세기에 들어서 본격적으로 나타나기 시작하였다. 게다가 20세기에는 발전소와 자동차를 비롯한 환경오염 물질을 다량으로 배출하는 기술 시스템과 방사성 물질 및 합성 화학물질과 같은 지구 생태계에 존재하지 않는 인공 물질이 등장함으로써 환경문제는 더욱 광범위하고 복잡해졌다. 1952년에 발생한 런던 스모그 사건으로 4,000명이 넘는 사람이 목숨을 잃었고, 로스앤젤레스에서는 1960년대부터 광화학 스모그라는 새로운 현상이 인식되었다. 1962년에 카슨(Rachel L. Carson)은 『침묵의 봄(Silent Spring)』을 통해 DDT라는 살충제의 역기능을 폭로하였고, DDT의 위력은 베트남 전쟁을 통해 뚜렷이 확인되었다.

　환경문제를 폭로하고 이에 대한 각성을 요구하는 운동은 1970년대부터 본격적으로 전개되었다. 1970년 4월 22일에는 미국에서 2,000만 명이 참여한 가운데 제1회 지구의 날 행사가 개최되었으며, 같은 해에 미국 정부는 환경문제를 전담하는 기구로 환경보호청(Environmental Protection Agency)을 창설하였다. 1972년에는 스톡홀름에서 제1회 유엔 환경회의가 소집되었으며, 로마클럽은 『성장의 한계(The Limits to Growth)』라는 보고서를 출간하였다. 그 후 다양한 입장과 활동 영역을 가진 수많은 단체들이 환경운동에 참여하였으며, 오존층 파괴, 지구 온난화, 환경 호르몬 등의 새로운 환경문제가 인지되기 시작하였다. 이러한 맥락에서 세계 각국 정부는 환경문제를 담당하는 기구를 설치하여 환경오염에 대한 규제를 강화해 왔으며, 특정한 지역에 국한되지 않은 환경문제의 성격 때문에 국제적 차원의 노력도 강화되고 있다.

이와 같은 환경운동의 전개와 함께 이색적인 실험도 시도되었는데, 대표적인 예로는 인공 생태계의 조성을 들 수 있다. 1991년부터 미국의 애리조나 사막에서는 10만여 제곱미터의 온실 속에 열대 우림부터 사막과 바다까지 모든 생태계의 축소판을 집어넣은 생물권 2(Biosphere 2)에 대한 실험이 추진되었다. 지구가 생물권 1이라면 이를 본떠 인공적으로 만든 생태계는 생물권 2라는 것이다. 2억 달러가 투자된 이 실험은 2년 뒤에 끝났는데, 자급자족의 생태계를 구성하려는 시도는 무참히 실패하고 말았다. 새와 곤충들이 번창하기는커녕 대부분 죽어 버렸고, 바퀴벌레와 개미들이 생물권을 점령하였다. 가장 치명적이었던 것은 인간이 숨 쉴 수 있는 산소가 충분히 공급되지 못하였다는 데 있었다. 이것은 생물권 1인 지구가 60억 명의 인구에게 산소를 공짜로 제공하고 있다는 점과 극명하게 대비되는 대목이다.

이러한 실험은 자연 생태계를 인공적으로 만드는 것이 매우 어렵다는 점을 보여 주고 있다. 결국은 자연 생태계를 보존하는 길밖에 없다는 것이다. 또한 이 실험은 자연 생태계가 우리에게 얼마나 많은 서비스를 제공해 주고 있는가를 암시하고 있다. 한 연구에 따르면, 인간 사회에 직접 제공되는 자연의 서비스를 돈으로 환산하면 연간 36조 달러에 이른다. 이것은 지구 전체의 연간 생산액에 육박하는 수치이다. 만약 이만한 서비스를 원금이 아닌 이자로 생산하려면 자연 자본의 크기는 400~500조 달러가 되어야 한다는 계산이 가능하다. 인구 한 명당 수만 달러씩 감당해야 하는 막대한 금액이다.

최근에 많은 국가나 단체들이 환경문제에 대해 표방하고 있는 핵심적인 개념으로는 '지속가능한 발전(sustainable development)'을 들 수 있다. 지속가능한 발전은 1987년에 세계환경개발위원회(World Commission on Environment and Development)가 발표한 「우리 공동의 미래(Our Common Future)」라는 보고서에서 처음으로 언급되었으며, 1992년에 브라질 리우데자네이루에서 개최된 유엔 환경개발회의(UN Conference on Environment and Development)에서 공식적으로 채택되었다. 지속가능한 발전은 두 가지 의미를 내포하고 있다. 첫째는 자연환경이 수용할 수 있는 능력에 위험을 주지 않는 범위 내에서만 개발을 허용해야 한다는 것이며, 둘째는 미래 세대가 누릴 수 있는 자연환경을 보존하면서 현재 세대의 수요를 충족시키는 개발을 추구해야 한다는 것이다.

환경문제의 윤리적 쟁점

— 　　　　　　　　환경문제는 수많은 윤리적 쟁점을 제기하고 있으며 이에 대한 논쟁이 끊이지 않고 있다. 우선 자연이 가지고 있는 가치의 성격에 대해서 상당한 논쟁이 벌어지

고 있다. 어떤 사람들은 자연이 도구적 가치만을 가지고 있다고 생각한다. 즉 자연은 인간 존재에 의해서 사용되거나 평가되는 한에 있어서만 가치를 가진다는 것이다. 이와 달리 자연이 본질적 가치를 가진다고 주장하는 사람도 있다. 동물, 나무, 산, 강과 같은 자연은 인간의 용도나 평가와는 별도로 고유의 가치를 가진다는 것이다. 또한 인간이 환경문제에 관심을 기울여야 하는 범위에서도 의견이 나뉜다. 어떤 사람들은 환경오염이 인간의 건강에 직접적이고 분명한 위협을 보여 줄 때에만 환경에 대해 관심을 가져야 한다고 주장한다. 이에 반해 인간의 건강이 직접적으로 영향을 받지 않을 때에도 환경에 대한 관심을 가져야 한다는 주장도 있다.

이러한 논쟁은 기본적으로 자연환경을 인간 중심적으로 바라보느냐 아니면 그것을 넘어서야 하는가 하는 문제와 직결되어 있다. 이에 따라 환경문제에서는 기존의 윤리이론을 넘어선 새로운 차원의 윤리이론이 제기되고 있다. 대표적인 예로는 싱어(Peter Singer)의 동물해방론(animal liberation)과 레오폴드(Aldo Leopold)의 대지윤리(land ethics)를 들 수 있다. 싱어는 인종 차별주의나 성 차별주의와 마찬가지로 종 차별주의가 자의적인 것이라고 간주한다. 그는 동물도 인간과 마찬가지로 고통을 느끼는 존재이기 때문에 동물의 고통을 전제로 한 동물실험이나 육식이 정당화되기 어렵다고 주장한다. 레오폴드는 생명체뿐만 아니라 비생명체인 대지도 윤리적 고려와 보존의 대상이라고 본다. 그는 생명체와 비생명체가 어우러진 생명 공동체에 주목하면서 인간은 생명 공동체에서 특권을 갖고 있지 않은 단순한 구성원일 뿐이라고 간주한다.

좀 더 구체적인 차원에서 '깨끗함'에 대한 기준을 찾는 것도 매우 어려운 문제이다. 인간의 생명이나 건강에 위협을 주지 않는다면 환경이 깨끗하다고 생각하는 사람도 있고, 오염물질이 자연에서와 같은 정도로 존재한다면 환경이 깨끗하다고 간주하는 사람도 있다. 공리주의적 견지에서는 환경오염을 감소시키기 위해 요구되는 자금이 보다 전반적인 인간 복지를 생산하는 다른 방식으로 사용될 수 있다면 환경이 깨끗하다고 간주할 수 있다. 활용 가능한 기술과 법규를 통해 오염원이 제거되었을 때 환경이 깨끗하다는 견해도 있고, 모든 오염원이 충분히 제거되었을 때에만 환경이 깨끗하다는 견해도 있다.

이처럼 깨끗함에 대한 기준은 경제적으로 얼마나 부담이 되는지, 과학적으로 어느 정도 확인이 가능한지, 환경문제로 인한 직접적인 피해자가 누구인지 등에 따라 달라질 수 있다. 이에 대하여 해리스 등은 다음과 같은 피해 정도 기준(degree-of-harm criterion)을 제안하고 있다. "오염 물질이 인간의 건강에 명확하고 절박한 위협을 가할 때 그것은 납득할 만한 위험 수준 이하로 감소되어야 한다. 비용은 중요한 요소로 고려되지 않는다. 어떤 물질이 인간의 건강에 미치는 영향이 불확실하거나 위험 수준이 결정될 수 없을 때에는 경제적인 요소들이 고려될 수 있다. 만약 손해가 비(非)가역적이라면 그것에 보다 높은 우선권

이 주어져야 한다".[15]

최근에는 환경문제의 해결을 기술의 발전에만 맡길 수 없다는 주장도 상당한 설득력을 얻고 있다. 지구 환경의 위기는 새로운 기술 개발을 통해 해결될 수 없는 보다 근본적인 문제로서 문명 전환 운동의 차원에서 새로운 생활 양식을 창출하는 것이 중요하다는 것이다. 이러한 입장을 가진 사람들은 물질적으로 덜 소유하고 덜 소비하지만 더 행복한 삶이 가능하며, 새로운 문명으로의 전환은 인간이 우주의 다른 모든 생명체와 함께 이어져 있다는 의식을 되살리는 데서 시작되어야 한다고 주장한다.

또한 환경문제를 매개로 새로운 권력 관계가 배태되고 있다는 주장도 제기된다. 엄청난 빈부 격차로 인하여 부유층은 깨끗한 환경 상품을 즐기는 반면, 국민의 절대 다수인 빈곤층은 궁핍과 오염의 더미 속에서 살아간다는 것이다. 국제적으로는 제3세계라고 불리는 저개발국들과 제4세계라고 불리는 원주민 사회가 선진국과 신흥공업국에 의해 수많은 자원을 착취당해 왔다. 이러한 측면에서는 기술적 차원에서 제시되고 있는 환경문제에 대한 해결책이 환경 불평등과 환경 제국주의를 더욱 강화시키는 것으로 이해될 수 있다.

이상의 주장을 고려한다면, 환경문제는 단순히 기술적 차원의 과제로 환원될 수 없으며, 정신적·사회적 차원의 오염 요소

---

15 찰스 해리스 외, 김유신 외 옮김, 『공학윤리: 개념과 사례들』 제4판 (북스힐, 2012), p. 276.

를 동시에 풀어나갈 수 있는 지혜를 필요로 한다. 그러나 기술을 환경오염의 주범으로 간주하고 그것에 제동을 걸려고 하는 것은 현실적이지 않다. 물론 그동안 기술은 환경문제를 유발하고 심화시키는 원인으로 작용해 왔지만, 기술의 발전이 본질적으로 환경적 가치와 대립하는 것은 아니다. 기술과 환경에 관한 가장 핵심적인 문제는 기술의 발전을 중단시키는 데 있는 것이 아니라 기술의 경로를 환경에 친화적인 방향으로 재정립하는 데 있다.

환경문제에 대한 대응

환경문제는 '많은 손들의 문제(the problem of many hands)'에 관한 대표적인 예로 간주되고 있다. 누구나 환경문제를 일으킨 책임이 있기 때문에 책임의 소재를 가리기 어렵다는 것이다. 그러나 이것이 "모든 사람의 책임은 누구의 책임도 아니다."라는 논변으로 이어져서는 곤란하다. 에너지를 덜 사용하고 환경에 덜 부담을 주는 방향으로 생활하는 방식과 태도를 개선해야 할 책임은 누구에게나 있는 것이다.

특히 자본주의 사회의 중요한 주체인 기업은 환경문제에 보다 적극적으로 대응할 필요가 있다. 환경문제에 대해 기업이 취하는 입장은 다음의 세 가지로 구분할 수 있다. 첫째는 위기 지향적 환경 관리(crisis-oriented environmental management)이다. 이러한 입장을 취하는 기업은 대부분 환경문제를 전담하는 직원을 배치하지 않고 있으며, 로비를 벌이거나 벌금을 지불하는 것이 환경문제에 자원을 투입하는 것보다 효과적이라고 생각한다. 둘째는 비용 지향적 환경 관리(cost-oriented environmental management)로서 환경문제를 전담하는 직원을 배치하기는 하지만 정부의 환경 규제에 대한 법규를 준수하는 것에 만족한다. 셋째는 계몽된 환경 관리(enlightened environmental management)이다. 여기에 해당하는 기업은 환경문제에 대해 전사적 차원으로 대응하며 환경보호 활동을 활발히 전개하여 정부 당국 및 지역 사회와 좋은 관계를 유지하고 있다.

계몽된 환경 관리와 관련하여 미국의 화학제조업협회(Chemical Manufacturers Association)는 1990년에 '책임 있는 배려: 공공에 대한 기여(Responsible Care: A Public Committment)'라는 프로그램을 만들어 회원사들에게 다음과 같은 정책들을 수립하도록 권고하고 있다. 첫째, 화학물질의 안전한 제조, 수송, 사용, 처리를 증진시키는 것, 둘째, 잠재적으로 영향을 받을 대중과 다른 사람들에게 안전과 환경적 위험에 대해 신속히 알려주는 것, 셋째, 환경적으로 안전한 방법으로 공장을 가동하는 것, 넷째, 건강, 안전, 환경에 관하여 화학물질을 개선하는 연구를 진척시키는 것, 다섯째, 정부와 함께 화학물질을 규제하는 책임 있는 법규를 만드는 데 참여하는 것과 이러한 목표를 증진하는 데 유용한 정보를 다른 사람들과 공유하는 것이다.

최근에는 적지 않은 기업들이 환경경영 또는 녹색경영의 기치를 내걸면서 환경문제에 적극적인 자세를 보이고 있다. 이스

트만 코닥은 필름 제조에 쓰이는 유기 용제의 사용량을 줄이기 위해 거래 현상소로부터 용제를 재활용하고 폐기된 카메라를 거두어들여 부품을 다시 사용하고 있다. 제록스는 복사기가 고장을 일으키거나 수명이 다할 경우에 부품 중에서 쓸 만한 것을 재활용하기 위하여 부품을 용접하지 않고 나사로 죄는 새로운 방법을 도입하였다. 3M의 경우에는 테이프 코팅에 사용하던 유독성 화학 용매를 물로 만든 안전한 제품이나 고체 코팅으로 대체하여 폐기물 발생률을 현격히 감소시키고 있다. P&G는 종이 기저귀에 고분자 흡수제를 사용함으로써 천연 펄프의 사용량을 절반으로 줄였으며, 한 그루의 나무를 벨 때마다 세 그루의 묘목을 심는 운동을 전개하고 있다.

그렇다면 엔지니어는 환경문제에 대해 어떻게 대응해야 할까? 엔지니어는 환경에 영향을 미치는 프로젝트에 참여하는 주요한 행위자이므로 환경문제에 적극적인 관심을 기울여야 한다. 엔지니어는 환경을 보호하려는 공공의 노력에 참여해야 하며 경우에 따라서는 다른 분야의 사람들과 공동 작업을 추진해야 한다. 이것은 자신의 범위를 벗어나는 일이 아니라 자신의 전문성을 확장시키는 것으로 이해할 필요가 있다. 또한 엔지니어는 환경문제를 소홀히 하는 고용주의 행동에 항의하고 환경 파괴적인 프로젝트에 종사하는 것을 거부할 권리를 가지고 있으며, 이러한 권리는 적절히 보호되어야 한다. 더 나아가 훼손된 환경을 복원하거나 오염을 사전에 예방하는 데 필요한 청정 기술(clean technology)의 개발을 촉진하는 것도 엔지니어의 중요한 책임이자 역할이라고 할 수 있다.

청정기술에 대한 몇 가지 사례를 제시하면 다음과 같다. 강물을 취수하여 음용수를 생산하는 경우에는 응집, 침전, 여과와 같은 복잡한 정수 공정을 거치지만, 고분자 분리막을 만들어 활용하면 화학약품 사용량도 감소시키고 음용수의 질도 향상시킬 수 있다. 냉장고의 냉매로 사용되는 프레온 가스가 오존층 파괴의 주범으로 알려지고 이에 대한 규제가 강화되면서 프레온 가스를 대체하는 물질을 모색하고 개발하는 작업이 적극적으로 추진되고 있다. 청정기술과 관련하여 가장 주목을 받고 있는 것은 에코 카로 불리는 저공해 자동차의 개발이다. 가솔린과 함께 전기를 동력원으로 사용하는 하이브리드 자동차는 이미 실용화 단계에 접어들었고, 수소를 전기로 전환하는 연료전지를 사용하는 자동차의 개발도 추진되고 있다. 청정기술은 환경오염에 대한 규제가 새로운 과학기술의 개발을 촉진하는 대표적인 사례에 해당한다.

7.
첨단기술의
윤리적 쟁점

정보기술의 윤리적 쟁점

—   오늘날 사회 변동의 주요 원인으로
정보기술이 종종 거론되고 있다. 정보기술은 통신기술과 컴퓨
터기술이 융합된 것이다. 통신기술과 컴퓨터기술은 독립적으
로 발전해 왔으나, 인터넷을 통해 컴퓨터에 기반한 통신이 가
능해지면서 정보기술의 시대를 맞이한 것이다. 정보기술이 처
음 등장하였을 때에는 그것이 열어주는 새로운 가능성에 주목
하였지만 최근에는 정보기술이 제기하는 부작용에 대해서도
많은 논의가 이루어지고 있다. 정보기술의 윤리적 쟁점으로는
프라이버시 침해, 소프트웨어의 소유권, 컴퓨터 오용(computer
abuse), 컴퓨터 재난(computer mishaps) 등을 들 수 있다.

정보기술이 프라이버시에 개입하는 중요한 방식은 컴퓨터 매칭(computer matching)에서 찾을 수 있다. 컴퓨터 매칭은 서로 다른 소스로부터 다양한 정보가 단일한 데이터 뱅크에 모아지는 것을 의미한다. 이를 옹호하는 사람들은 합체된 파일이 담고 있는 정보는 이미 이전에 존재하였던 것이며 새로운 정보가 아니라는 점을 강조한다. 이에 반대하는 사람들은 전체가 부분을 단순히 합친 것 이상이며, 다양한 정보들이 합쳐져서 새로운 정보를 암시할 수 있다고 지적한다.

정보 프라이버시의 문제에 윤리이론을 적용해 보면 상당한 차이가 있다. 인간존중의 윤리에서는 다른 사람이나 정보에 대한 친밀성(intimacy)의 차이가 반영되지 않고, 매칭 결과에 대해 이의를 제기할 기회가 확보되기 어렵기 때문에 컴퓨터 매칭이 인권을 침해하는 행위로 간주될 수 있다. 이에 반해 공리주의에서는 만약 컴퓨터 매칭이 존재하지 않는다면 수표나 신용카드를 사용할 수 없어 경제 활동이 불가능하며, 컴퓨터 매칭을 통해 용의자를 관리하거나 의료비 청구 내역을 조회함으로써 각종 범죄를 예방할 수 있다고 주장한다.

이에 대한 창조적 중도 해결책으로는 앨런(Anita L. Allen)이 제안한 '공정한 정보 실천을 위한 지침'을 들 수 있다. 이 지침은 다음의 6가지 항목으로 구성되어 있다.[16]

① 개인적 정보를 포함하는 데이터 시스템의 존재는 공적으로 알려

---

16 Anita L. Allen, "Privacy", Hugh LaFollette (ed.), *The Oxford Handbook of Practical Ethics* (Oxford: Oxford University Press, 2003), p. 500.

진 사실이 되어야 한다.

② 개인적 정보는 한정된 특수한 목적들을 위해서 수집되어야 하고, 그것의 수집을 위한 일차적 목적과 일치하거나 유사한 방식으로만 사용되어야 한다.

③ 개인적 정보는 그 정보가 수집되는 개인들 또는 그들의 법적 대리인의 동의와 함께 수집되어야 한다.

④ 개인적 정보는 그 정보가 수집되는 사람들에게 통지하거나 동의 없이 제3자와 공유해서는 안 된다.

⑤ 정확성을 보증하기 위하여 정보의 저장 기간은 제한되어야 하며, 개인들은 그 정보를 검토하고 잘못을 수정하도록 허락받아야 한다.

⑥ 개인적 데이터를 수집하는 사람들은 개인적 데이터와 시스템의 진실성과 보완성을 보장해야 한다.

어떤 것이 특정한 사람의 소유물로 인정되는 것은 그 사람이 통제권을 발휘할 수 있는 상태를 의미한다. 통제권을 발휘하는 형태는 다른 사람이 자신의 소유물을 활용할 수 있도록 허가하는 것과 배제하는 것으로 구분할 수 있으며, 허가하는 경우에도 무료로 하는 경우와 유료로 하는 경우로 구분할 수 있다. 자동차를 예로 들어 보자. 내가 자동차를 소유하고 있다면 다른 사람이 자신의 자동차를 사용하지 못하게 배제할 수 있다. 또한 만약 내가 자동차를 통해 돈을 벌기를 원한다면, 다른 사람이 자신의 자동차를 사용할 때 요금을 부과할 권리를 가지고 있다.

이러한 논의는 소프트웨어의 경우에도 마찬가지로 적용될 수 있다. 그렇다면 소프트웨어의 소유권은 왜 보호되어야 하는가? 공리주의적 관점에서는 소프트웨어에 소유권을 부과함으로써 더욱 우수한 소프트웨어가 개발될 가능성이 많으며 그것이 많은 사람에게 이익을 제공할 수 있다는 점에서 소프트웨어의 소유권이 정당화될 수 있다. 인간존중의 윤리에서는 새로운 소프트웨어를 만들기 위해 지적 노동을 추가하였으므로 인간의 권리 중의 하나인 노동 소유권이 존중되어야 한다는 주장이 성립될 수 있다. 이처럼 소프트웨어의 소유권 문제는 공리주의와 인간 존중의 윤리에 의해 모두 정당화되는 성격을 가지고 있다.

그러나 이에 대한 반론도 만만치 않다. 자유소프트웨어(free software)라고도 불리는 카피레프트(copyleft) 운동이 대표적인 예이다. 이 운동은 1984년 스톨먼(Richard Stallman)에 의해 제창되었으며, 저작권(copyright)을 설정해 소프트웨어를 상업화하거나 독점하는 것을 거부하고 있다. 이어 1991년에는 리누스 토르발즈(Linus Torvalds)가 리눅스(Linux)라는 오픈소스 소프트웨어를 통해 소스코드를 개방하고 자유롭게 사용할 수 있는 새로운 기술 개발 방식을 창출하기도 하였다. 이들은 인류 공동의 지적 자산인 지식과 정보는 모두가 자유롭게 사용할 수 있어야 한다는 철학을 가지고 있다. 또한 컴퓨터의 초기 역사에서 보듯이, 소유권의 개념이 없이 자유로운 분위기 속에서 더욱 많은 실험과 혁신이 있었다는 것이 이들의 판단이었다. 최근에는 제한적 라이선스를 걸고 저작물을 공유하는 CCL(Creative Commons License)

허용-영리·비영리적 이용과 개작까지 모두 허용

 영리금지-영리적인 이용 금지, 개작은 허용

 개작금지-영리적인 이용 허용, 개작은 금지

 영리금지·개작금지-영리적인 이용과 개작 모두 금지

| 정보공유연대에서 개발한 정보공유 라이선스 표시법

이 주목을 받고 있다. CCL은 2001년에 미국의 법학자인 레식 (Lawrence Lessig)이 제안하였으며, 우리나라의 경우에는 정보공유 연대가 정보공유 라이선스 표시법을 마련한 바 있다.

컴퓨터 오용은 허가되지 않은 바이러스와 웜을 통해 다른 컴퓨터에 침입하는 것을 의미한다. 다른 사람의 컴퓨터에 침입하여 홈페이지를 위조하거나 보안장치를 파괴하는 것도 컴퓨터 오용 사례에 해당한다. 최근에는 매우 지능적인 방법을 사용하기 때문에 예방이 쉽지 않고 복구가 어려운 경우도 많다. 사실상 컴퓨터 오용에는 덜 심각한 것부터 큰 문제가 되는 것에 이르기까지 다양한 형태가 존재한다. 컴퓨터 오용과 관련된 행위가 윤리적으로 정당화될 수 있는가 아닌가 또는 법적 규제의 대상이 되는가 아닌가 하는 문제는 해당 사안에 선긋기 기법을 적용함으로써 판단할 수 있다.

선긋기 기법에서 가장 중요한 점은 해당 사안의 도덕성 여부를 판단할 수 있는 기준이 되는 특징을 다각도로 도출하는 데 있다. 컴퓨터 오용의 경우에는 다음과 같은 네 가지 특징을 고려할 수 있다. 첫째는 컴퓨터 오용에 임하는 태도이다. 여기에는 악의적인 의도에서 부주의한 무시에 이르는 스펙트럼이 있을 것이다. 둘째는 실제로 받은 피해이다. 심각한 피해인지, 사소한 피해인지, 아니면 단순한 짜증으로 끝나는지 등이 평가되어야 할 것이다. 셋째는 복구의 어려움이다. 복구에 소요되는 비용이나 시간이 고려의 대상이 될 수 있다. 넷째로 해커의 행위가 가진 사회적 가치를 생각할 수 있다. 컴퓨터 해커들은 자신의 행위가 컴퓨터의 약점, 특히 보안상의 문제점을 드러내 더욱 우수한 컴퓨터를 만들어 내는 데 도움을 주기 때문에 사회적 가치를 가진다고 주장한다. 이러한 주장을 수용한다면 특정한 해커의 행위가 실제로 사회적 가치를 가지고 있는지의 여부에 대해서도 고려할 필요가 있다.

오늘날의 많은 기계나 시설은 컴퓨터에 의해 운용되고 있으며, 이에 따라 컴퓨터에 문제가 발생하면 기계나 시설이 제대로 작동하지 않을 수 있다. 특히 의료기기나 원자력 발전소와 같이 인간의 안전과 결부된 기계나 시설의 경우에는 컴퓨터의 오작동이 엄청난 재해로 이어질 수 있다. 예를 들어 1970년대 중반에 AECL(Atomic Energy of Canada Limited)에서 개발한 의료용 선형

가속기인 테락 25(Therac 25)는 1985∼1987년에 6번의 인명 사고가 발생한 후에야 사용이 중단되었다. 그것은 테락 25의 하드웨어 안전성에 대한 백업이 부재하였다는 점, 테락 25의 품질을 확인하는 프로그램이 부재하였다는 점, AECL이 테락 25의 안정성을 과신하고 있었다는 점, AECL이 각종 사고에 대하여 늦게 대응하였다는 점, AECL이 사고가 발생한 후에도 다른 사용자에게 테락 25의 오동작을 알리지 않았다는 점 등이 결부된 사건이었다. 테락 25 사건은 컴퓨터가 중요하고 우려할 만한 방식으로 통제 불능이 될 수 있음을 명확히 보여 주고 있다.

이와 관련하여 니센바움(Helen Nissenbaum)은 정보사회에서 책임을 유지하는 방법으로 다음의 두 가지를 제안한 바 있다.[17] 첫째는 보다 안전하고 믿을 만한 정보 시스템을 만들기 위한 안내 지침들이 정보기술 전문가들에 의해 폭넓게 보급되고 지지되어야 한다는 것이다. 이러한 안내 지침에는 제품에 관한 기준뿐만 아니라 개발 과정에 관한 기준도 자세히 규정되어 있어야 할 것이다. 둘째는 소프트웨어를 비롯한 정보기술 분야에서는 엄격한 책임(strict liability)이 부과되어야 한다는 것이다. 여기에서 엄격한 책임이란 어떤 잘못이 제품의 생산자에게 할당될 수 있는지 없는지에 관계없이, 제품에 의해 야기된 모든 문제에 대한 책임을 생산자가 지는 것을 의미한다. 최근에는 많은 국가들이

---

17 Helen Nissenbaum, "Computing and Accountability", Deborah G. Johnson and Helen Nissenbaum (eds.), *Computers, Ethics, and Social Values*, (Upper Saddle River, NJ: Prentice-Hall, 1995), pp. 526∼538.

컴퓨터와 자동차를 비롯한 다양한 제품에 제조물 책임법(product liability law)을 제정함으로써 니센바움의 제안을 공식적으로 수용하는 경향을 보이고 있다.

생명 복제의 윤리적 쟁점

— 생명 복제 기술은 인공적으로 생명체를 복제하는 기술을 의미한다. 생명 복제 기술은 어떤 생명체를 대상으로 하는가에 따라 동물 복제와 인간 복제로 구분되며, 해당 생명체를 어떤 수준에서 복제하는가에 따라 배아 복제(embryo cloning)와 개체 복제(individual cloning)로 구분된다. 배아 복제는 수정 후 14일까지의 배아를 복제하는 것을 의미하며, 개체 복제는 복제된 배아를 자궁에 착상시켜 세상에 태어나게 하는 것을 말한다. 생명 복제 기술과 관련된 논쟁은 주로 인간 배아 복제를 대상으로 전개되어 왔으며, 난치병 치료의 가능성, 배아의 지위, 연구의 허용 범위, 난자의 조달 등이 중요한 논점으로 부상하고 있다.

생명 복제 기술을 옹호하는 가장 중요한 근거로 제시되는 것은 난치병 치료에 크게 기여하여 인류를 질병에서 구원할 수 있다는 점이다. 특히 다른 사람의 세포는 면역상의 거부 반응을 일으킬 가능성이 높은 반면, 환자 자신의 체세포를 이용해 배아 복제를 하여 얻어진 줄기세포(stem cell)를 이식하면 거부 반응이 없는 치료가 가능하다는 점이 거론된다. 이에 반해 비판론자들

| 복제 양 돌리의 모습. 복제 양 돌리는 276번의 실패를 거친 후에야 탄생할 수 있었고, 2003년 2월에 6년 7개월의 생을 마감하였다. (자료: Llull / Wikimedia commons)

은 생명 복제 기술이 가진 잠재적 위험성에 주목한다. 생명 복제 기술을 바탕으로 치료용 의약품을 개발하여 상업화하는 과정에는 수많은 불확실성이 내재되어 있다는 것이다. 그것은 생명 복제 기술의 성공률이 그다지 높지 않으며 줄기세포가 암세포로 전이될 위험성이 있다는 점에서 더욱 심각한 문제가 된다.

생명 복제에 관한 연구는 수많은 배아를 조작하고 폐기할 수밖에 없는 성격을 띠고 있기 때문에 배아의 도덕적 지위가 중요한 쟁점이 된다. 이에 대하여 육성론자들은 배아가 아직 생명체가 아니며 하나의 세포 덩어리에 불과하다는 입장을 견지하고 있다. 그것은 인간의 개체성이 수정 후 14일에 해당하는 시점에서 시작된다는 주장에 근거를 두고 있다. 수정 후 14일 정도가 지나면 착상이 완료되면서 향후 척추가 될 원시선(原始線, primitive streak)이 생긴다는 것이다. 반면 비판론자들은 배아가 엄연한 생명체이기 때문에 이를 조작하고 실험하고 죽이는 것은 비도덕적 행위에 해당한다고 주장한다. 이와 함께 인간의 생명은 수정 후부터 시작되는 연속적인 성격을 지니고 있으므로 14일을 경계로 생명체 여부를 판단하는 것은 다분히 자의적이라는 비판도 있다.

배아의 도덕적 지위에 관한 논쟁은 생명 복제 기술의 연구 대상에 관한 쟁점으로 이어진다. 생명 복제 기술은 주로 줄기세포를 얻기 위해 연구되는데 줄기세포는 인체의 모든 조직으로 성장할 수 있는 가능성을 가진 세포로 배아에서도 얻을 수 있고 제대혈이나 골수와 같은 성체에서도 얻을 수 있다. 육성론자들에 따르면, 배아는 생명체가 아니기 때문에 배아를 의도적으로 만들어 줄기세포를 연구하는 것이 허용될 수 있다. 특히 그들은 배아줄기세포가 성체줄기세포에 비해 연구 효과가 크다고 주장한다. 이에 반해 비판론자들은 배아가 생명체이기 때문에 배아줄기세포에 대한 연구는 금지되어야 한다고 반박한다. 대신에 성체줄기세포를 이용한 연구는 허용될 수 있다는 입장이다.

비판론 중에는 엄격한 입장 이외에 유연한 입장도 있다. 유연한 입장은 기본적으로 인간 배아 복제에는 반대하지만 특정한 배아 연구에 대해서는 예외적으로 허용하는 자세를 보인다. 이러한 입장에 따르면, 연구의 목적으로 새로운 배아를 의도적으로 창출하는 것은 수용될 수 없지만, 불임 시술을 목적으로 이미 만들어져 냉동되어 있는 잔여 배아(residual embryo)를 활용하는 것은 가능하다. 그것은 배아 연구를 통해 난치병 치료에 기여한다는 편익과 배아 연구가 내포하는 윤리적 문제 사이에서 절충점을 찾은 것이라고 할 수 있다. 이러한 입장은 배아의 지위도 새롭게 인식하고 있다. 배아는 아직 인간과 동일하지 않지만 점차적으로 성장하면서 도덕적 지위를 획득하게 되는 잠재적 인간 존재(a potential human being)라는 것이다.

생명 복제 기술의 또 다른 문제는 난자의 조달에서 찾을 수 있다. 연구에 쓰이는 수많은 난자는 어떻게 조달할 것인가? 기증 의사를 밝힌 여성의 동의를 받으면 난자를 얻는 것이 어렵지 않다고 생각하는 사람도 있지만, 실상은 그렇게 간단하지 않다. 난자 추출이 여성의 건강에 심각한 해를 끼칠 수 있다는 경고가 속속 제기되고 있는 것이다. 난자를 인공적으로 채취하는 과정은 2~3주 정도 걸리는데, 그동안 여성은 매일 호르몬 주사를 맞아야 하고 약간의 출혈과 통증을 감수하는 것은 물론 난자를 몸 밖으로 추출할 때의 불쾌감도 견뎌내야 한다. 최근에는 난소 과자극 증후군(OHSS, Ovarian HyperStimulation Syndrome)이 상당한 주목을 받고 있다. 과배란 유도의 부작용으로 난소 비대, 복통, 복부 팽창, 복수 등의 증상이 나타난다는 것이다. 더 나아가 여러 차례 호르몬을 투여 받은 여성은 나이가 들면 난소암에 걸릴 위험도 있다고 한다.

생명 복제 기술에 관한 철학적 기반에서도 육성론자와 비판론자 사이에는 상당한 차이가 존재한다. 육성론자들은 생명 복제 기술을 포함한 모든 과학기술에 관한 연구가 가능한 한 자유롭게 보장되어야 한다는 점을 강조하고 있는 반면, 비판론자들은 생명 복제 기술이 기존의 과학기술과 다른 차원의 것이기 때문에 연구 절차는 물론 연구 내용에 대해서도 엄격히 규제해야 한다고 주장한다. 대부분의 경우 생명 복제 기술에 대한 규제가 필요하다는 점에는 동감하고 있지만, 육성론자와 비판론자가 출발하고 있는 철학적 기반이 다르기 때문에 규제의 범위와 정도에 대해서는 의견을 달리하고 있는 것이다.

나노기술의 윤리적 쟁점

— 　　　　　　　　　나노(nano)는 희랍어로 난쟁이를 뜻하는 '나노스(nanos)'에서 유래한 말로서 10억 분의 1(10^{-9})을 나타내는 단위이다. 나노기술은 물질의 특성을 나노 스케일에서 규명하고 제어하는 기술로서 원자 또는 분자를 적절히 결합시켜 새로운 미세 구조를 만듦으로써 기존 물질을 변형 또는 개조하거나 새로운 물질을 창출하는 것을 목표로 삼는다. 나노기술의 윤리적 쟁점으로는 다음과 같은 것들이 있다.[18]

첫 번째 쟁점은 나노기술의 안전성에 관한 것이다. 어떤 물

---

18 이에 대한 보다 제시한 논의는 이영희, "나노기술을 둘러싼 사회적 쟁점", 『과학기술과 민주주의』 (문학과 지성사, 2011), pp. 88~106; 최경희, 송성수, 이향연, "공학윤리의 확장: 나노윤리의 모색", 『공학교육연구』 제14권 4호 (2011), pp. 39~47을 참조.

질 입자의 크기가 나노 규모까지 작아지면 그 물질의 물리적·화학적 특성이 크게 변하게 된다. 이러한 점은 나노기술이 다른 기술과 차별되는 우수성의 원천이 되기도 하지만, 이와 동시에 독성을 야기하는 원인으로 작용하기도 한다. 2003년에는 탄소 나노튜브를 용액의 형태로 쥐의 폐에 주입하자 나노튜브가 폐에서 응집하면서 폐 조직을 손상시키는 현상이 발견되었다. 또한 2005년에는 풀러렌(fullerene)이 포함된 용액이 어류의 뇌 조직을 손상시킬 수 있다는 연구 결과가 발표되었고, 2006년에는 자외선 차단 크림에 사용되는 산화티타늄 나노 입자가 쥐의 뇌 세포를 손상시킬 수 있다는 가능성이 제기되었다. 이러한 연구들은 어떤 물질이 일반적인 크기에서 안전하다고 해도 나노 수준으로 접근할 경우에는 안전성을 장담할 수 없다는 점을 말해 준다. 물론 이러한 연구들은 동물실험에 국한되어 있고, 나노 물질이 인체 내에 삽입되거나 이식될 경우에 어떤 일이 발생할 것인지에 대해서는 정확히 알려진 것이 없다.

두 번째 쟁점은 나노기술이 환경에 미치는 영향에 관한 것이다. 나노기술은 각종 부품의 내구성을 향상시켜 자원을 절약하는 데 기여할 수 있으며, 나노 수준의 필터를 이용하게 되면 미세 오염물질의 환경 유입을 차단할 수 있는 것으로 평가받고 있다. 그러나 나노기술이 잔류성 유기 오염물질(POPs, Persistent Organic Pollutants)처럼 생물학적으로 분해되지 않거나 분해하기 어려운 새로운 오염물질의 원천으로 작용하여 이른바 나노 오염(nanopollution)을 유발할 가능성도 배제할 수 없다. 이와 함께 나노기술의 효과가 무차별적이기 때문에 생태계에 새로운 위협을 제기할 수도 있다. 예를 들어 은나노 입자는 상당한 살균 효과가 있지만, 인간에게 이로운 미생물까지도 같이 죽여 버릴 수 있고 사람을 포함한 동물의 세포에도 악영향을 미칠 가능성이 있다. 2006년에 미국의 환경보호청이 은나노 제품을 규제하겠다고 선언한 이유도 이러한 맥락에서 이해할 수 있을 것이다.

세 번째 쟁점은 프라이버시 침해에 관한 문제이다. 나노기술은 정보기술과의 융합을 바탕으로 크기가 작으면서도 성능이 우수한 감지 기구들의 등장을 가능하게 한다. 대표적인 예로는 무선 주파수 인증(RFID, Radio Frequency IDentification) 기술을 들 수 있다. RFID는 쉽게 제품 안에 숨길 수 있어 기업의 재고관리에 사용될 뿐만 아니라 제품이 판매된 후에도 그 제품을 소유한 사람에 대한 정보를 알 수 있게 해 준다. 게다가 RFID를 체내에 이식하는 것도 가능하기 때문에 위치 확인 시스템(GPS, Global Positioning System) 기능을 내장하여 사람의 위치를 파악하는 데에도 사용될 수 있다. 그 밖에 랩온어칩(LOC, Lab-On-a-Chip) 기술의 발달로 칩 위에 유전적 특성 분석에 필요한 여러 가지 장치들을 집적시키는 것이 가능해짐으로써 유전자 수준에서 개인 생체 정보를 보호하는 것이 중요한 문제로 부각되고 있다.

네 번째 쟁점으로는 나노기술에 대한 불평등의 문제를 들 수 있다. 나노기술의 상품화에 가속도가 붙으면 선진국과 제3세계 또는 부유한 계층과 빈곤 계층 사이에 나노기술의 사용에 대한 불평등이 발생할 가능성이 높다. 국가 간 또는 한 국가 내부에서 나노기술로 인해 사회적 불평등이 심화되는 현상은 나노 격차(nano-divide)로 불리고 있다. 예를 들어 의료 분야에서 나노 기술을 활용한 새로운 치료법이 등장하였음에도 구매 비용이 매우 높을 경우에 가난한 사람들은 이에 대한 혜택에서 소외될 가능성이 높아진다. 게다가 나노기술의 새로운 성과가 지적 재산권을 매개로 특정한 기업에 의해 배타적으로 전유될 경우에는 나노 격차가 더욱 커지게 될 것이다.

마지막으로 살펴볼 쟁점은 나노기술과 인간 능력의 향상(human enhancement)에 관한 것이다. 나노기술은 질병 치료를 넘어서 인간의 신체적 · 정신적 · 감각적 기능을 향상시키는 데 활용될 것으로 전망되고 있다. 인간 능력의 향상에 대한 문제는 신경과학이나 인체보철 분야에서도 제기되고 있지만, 나노기술은 이러한 분야들과 결합하여 인간이 자신의 몸에 본격적으로 개입하고 조작하는 시대를 열 것으로 평가된다. 가까운 미래는 아닐지라도 현재의 인간이 지닌 생물학적 능력을 훨씬 뛰어넘는 새로운 유형의 우생학적 인간이 만들어질 가능성이 존재하는 것이다. 이러한 가능성은 인간이란 무엇인가 또는 무엇이 인간을 인간으로 만드는 것인가 등과 같은 본질적인 물음을 제기하고 있다.

8.
공학윤리의
확장

공학윤리의 세계적 맥락

— 　　　　　　　오늘날의 많은 활동은 한 국가를 넘어 전 세계를 대상으로 전개되고 있다. 공학도 마찬가지이다. 한 국가의 엔지니어가 다른 국가에서 사용될 제품을 개발하거나 다른 국가에 가서 프로젝트를 맡는 일이 빈번하게 발생하고 있는 것이다. 이처럼 국가의 경계를 넘어서는 것은 문화의 경계를 넘어서는 것이기도 하다. 두 국가에서 동일한 규범이 적용되는 경우도 있지만 한 국가에서 자연스럽게 받아들여지고 있는 규범이 다른 국가에서는 통하지 않을 수도 있다. 이에 따라 세계적 맥락에서 책임 있는 엔지니어로서 결정을 내리는 것은 보다 복합적이고 다원적인 윤리적 판단을 요구한다.

한 국가에서 작용하는 규범을 다른 국가에 그대로 적용하기는 어려우며, 따라서 외국에서 발생하는 사안에 대한 윤리적 판단에는 해당 사회의 맥락을 충분히 고려하는 사례 중심적인 접근법이 요구된다. 가령 매우 부유한 국가에서 '공정한' 임금으로 간주하는 것이 매우 가난한 국가에서는 '과도한' 임금이 될수 있다. 또한 위험에 대한 규제가 발달되어 있는 국가에서 채택하고 있는 안전에 대한 기준과 그렇지 않은 국가에서 고려하는 안전 기준에는 상당한 차이가 있을 수 있다. 심지어 선진국에서 통용되는 인권의 개념이 저개발국에서는 제대로 인지되지 않을 수도 있다. 그렇다고 해서 국가 간의 규범의 차이를 악용하여 노동을 착취하거나 안전 기준을 준수하지 않는 것은 윤리적으로 정당화되기 어렵다.

다른 국가에서 어떠한 행동을 해야 하는가에 대한 상투적인 속담으로는 "로마에서는 로마의 법을 따르라."가 있다. 다른 국가에서 활동하게 되면 그 국가의 법률과 관습을 따르고 마치 그 국가의 시민처럼 행동해야 한다는 것이다. 이러한 견해는 도덕적 상대주의의 일종으로 다양한 각도에서의 비판이 가능하다. 무엇보다도 노예제도와 같이 어떤 행위가 명백하게 해롭거나 도덕적으로 혐오감을 준다면 그것은 정당화되기 어렵다. 또한 몇몇 행위는 법규를 위반하는 것에 해당한다. 미국의 경우에는 1977년에 해외부패방지법(Foreign Corrupt Practices Act)이 제정되었는데, 이 법은 미국 시민이 다른 국가에서 뇌물을 주거나 갈취를 하는 것을 불법으로 규정하고 있다. 더 나아가 공학은 상당한 보편성을 가지고 있고 고도의 안전성을 요구하고 있기 때문에 다른 국가의 규범을 단순히 수용해서는 곤란한 경우가 발생한다.

이러한 맥락에서 해리스 등은 이미 모든 문화에 의해 수용되고 있는 보편적인 가치를 바탕으로 문화를 초월하는 규범(cultural-transcending norms)을 제안하고 있다. 이러한 규범은 황금률, UN의 보편인권선언(United Nation's Universal Declaration of Human Rights), 공학 단체의 윤리강령 등을 바탕으로 도출되었다. 여기에는 ① 착취하지 않기, ② 온정주의적 대우를 피하기, ③ 뇌물이나 과도한 선물을 주고받지 않기, ④ 인권 침해 안 하기, ⑤ 해당 국가의 복지를 증진하기, ⑥ 현지의 문화적 규범과 법률을 존중하기, ⑦ 현지 국민의 건강과 안전을 보호하기, ⑧ 환경을 보호하기, ⑨ 해당 사회의 기본적인 제도를 개선하기 등이 포함된다. 여기에서 온정주의(paternalism)는 온정의 혜택을 받는 사람의 이익을 증진시킨다는 명목으로 그 사람의 판단력을 자기 것으로 대체하는 것을 뜻하며, 기본적인 제도(background institutions)는 세금 시스템, 은행 시스템, 사법 시스템 등과 같이 국가의 번영과 국민의 복지를 위해 꼭 필요한 제도를 의미한다.[19]

엔지니어가 이러한 규범을 적용할 때에는 도덕적 방종주의와 도덕적 엄격주의와 같은 두 가지 극단을 피해야 한다. 전자는 엔지니어로서의 윤리적 책임을 거부하는 것에 해당하며, 후자는 엔지니어가 다른 국가에서 업무를 수행하는 것을 봉쇄할 위

19　찰스 해리스 외, 김유신 외 옮김, 『공학윤리』 제3판 (북스힐, 2006), pp. 343~362.

험성을 가지고 있다. 특히 문화를 초월하는 규범이 현지의 관습과 마찰을 일으키지 않을 때에는 그 국가의 규범을 인정하는 자세가 요구된다. 다양한 규범들 사이에 충돌이 발생할 때에는 창조적 중도 해결책을 찾아보는 것도 필요하다. 예를 들어 피고용인의 친척을 채용해 달라는 요청이 있을 경우에는 친척 중의 한 명으로 국한하는 방법이 있고, 뇌물을 요구할 경우에는 뇌물 대신에 해당 국가나 조직에게 기부하는 방법을 활용할 수 있다.

과학기술과 여성

—   세상은 다양한 사람들로 구성되어 있으며, 정도의 차이는 있겠지만 과학기술자 사회도 이와 마찬가지라고 할 수 있다. 즉 사람들은 성, 연령, 인종, 계층, 국적, 사회적 지위 등에서 상당한 차이를 가지고 있다. 문제는 이러한 차이가 차별(discrimination)로 이어지는 데 있다. 차이를 이유로 보통 사람과 다른 대우를 하게 될 때 차별이 된다. 특히 사회적 소수자(social minorities) 또는 과소대표되는 집단(underrepresented groups)은 의식적 또는 무의식적 차별의 대상이 되는 경우가 허다하다.

차별이 괴롭힘으로 나타날 때에는 더욱 심각한 문제가 된다. 우리는 과학기술자가 존경스럽고 예의 바르다고 생각하는 경향이 있지만 실제적 상황에서는 다양한 형태의 괴롭힘이 발생할 수 있다. 괴롭힘의 유형에는 모욕, 언어적 또는 물리적 협박,

폭행, 성희롱(sexual harrassment) 등이 있다. 이러한 행위는 건전한 과학기술 활동을 뒷받침하는 원리인 상호 존중, 협동, 신뢰, 개방성, 자유 등을 침해한다. 그것들은 비도덕적일 뿐만 아니라 어떤 경우에는 비합법적이다.

윤리의 중요한 덕목 중의 하나는 다양한 배경을 가진 사람들에게 충분한 기회를 제공하는 데 있다. 그러나 과학기술의 역사는 그동안 과학기술 활동이 특정한 집단에 유리하게 전개되어 왔다는 점을 보여 주고 있다. 이를 설명하는 개념에는 마태 효과(Matthew effect), 후광 효과(halo effect), 마틸다 효과(Matilda effect) 등이 있다. 마태 효과는 경력 형성에 성공한 과학기술자일수록 인정과 자원 획득에서 유리하다는 점을, 후광 효과는 우수한 과학기술 기관에 속한 과학자가 이익을 얻는다는 점을, 마틸다 효과는 여성이 적절한 인정을 받지 못하면서 결과적으로 역사의 뒤편으로 사라지는 경향을 지칭한다.[20]

특히 여성은 오랜 기간 동안 과학기술 활동에서 소외되어 왔다. 과학기술 활동에서 여성의 지위는 '주변성(marginality)'이란 단어로 집약되고 있다. 여성은 과학기술에 대한 진입 장벽(entry barrier)을 가지고 있으며, 과학기술계에 진입하였다고 할지라도 결혼과 출산으로 과학기술 활동을 계속해 나가는 것이 어렵다. 이와 관련하여 남성 노동자의 규모는 연령을 고려할 때 정규 분포와 유사한 형태를 보이는 반면 여성의 경우에는 M자 형이나

---

20 이러한 점을 포함한 과학 제도의 사회학에 대해서는 데이비드 헤스, 김환석 외 옮김, 『과학학의 이해』(당대, 2004), pp. 105~155를 참조.

L자 형을 그린다는 지적도 있다. 또한 여성 과학기술자는 상층부로 갈수록 숫자가 감소하는 일종의 누수(pipeline leakage) 현상을 보이고 있으며, 상층부에 진입한 이후에도 보이지 않는 장벽, 즉 유리천장(glass ceiling)의 존재를 느낀다.

최근에는 이러한 경향을 극복하기 위하여 여성 과학기술자에 대한 적극적 조치(affirmative action)가 다양한 형태로 시행되고 있는데, 대표적인 예로 채용 목표제 또는 할당제(quota system)를 들 수 있다. 이것은 원래 미국에서 소수자 보호를 위해 도입된 것으로, 최근에는 여성의 과학기술에 대한 참여를 늘이기 위해 우리나라를 비롯하여 세계 각국에서 시도되고 있다. 이러한 제도는 현재의 과학기술 활동이 지속될 경우에는 여성과 같은 소수자 집단이 참여할 기회가 계속해서 제한될 것이라는 판단에 기초하고 있다. 출발선상에서 이미 평등하지 않기 때문에 이를 시정하기 위한 조치인 셈이다. 사실상 여성이 과학기술에서 고등교육을 받는 비율은 증가하고 있는데 여성이 과학기술자로 활동하기 위한 장벽이 여전히 높다면, 그것은 열심히 키운 아까운 인재를 놓치는 것과 다를 바가 없다.

이와 함께 여성 과학기술자들이 종종 남성과는 다른 경험을 통해 얻은 통찰과 관점을 적용함으로써 새로운 과학기술의 발전에 기여하였다는 점에도 주목할 필요가 있다. 물론 그것은 여성이 본질적으로 어떤 특징을 가지기 때문이 아니라, 현실에서 남성들과 다른 환경과 가치관을 경험하기 때문에 가능하다고 볼 수 있다. 다양한 경험과 가치관을 가진 과학기술자의 존재는

과학기술이 더욱 창의적이고 풍성한 방향으로 발전할 수 있는
기본적 조건인 것이다.

과학기술과 시민 참여
—   지금까지 과학기술에 대한 의사결
정은 주로 정부, 기업, 과학기술 부문의 전문가들에 의존해 왔
다. 일반 시민은 그들이 결정한 정책을 홍보하는 대상이거나 과
학기술의 산물을 소비하는 역할을 해 왔을 뿐이다. 이러한 의사
결정 구조에서는 안전, 건강, 복지, 환경, 윤리 등과 같이 삶의
질을 추구하는 시민의 가치관과 이해가 반영되기보다는 자본
의 논리나 맹목적인 효율성에 봉사하는 과학기술이 재생산될
가능성이 많다.

이러한 문제점을 자각하고 사회적으로 건전한 과학기술
을 촉진하기 위하여 제안된 개념이 과학기술시민권(science and
technology citizenship)이다. 그것은 기존의 시민권을 과학기술의 영
역에 확장한 것으로서 지식 또는 정보에 대해서 자유롭게 접근
할 수 있는 권리, 의사결정이 합의에 기초해야 한다고 주장할
수 있는 권리, 과학기술 정책을 결정하는 과정에 참여할 권리,
집단이나 개인들을 위험에 빠지게 할 가능성을 제한시킬 권리
등으로 이루어져 있다.

과학기술에 시민의 참여를 증진시켜야 하는 근거로는 과학기
술이 일반인의 생활에 커다란 영향을 미친다는 점, 많은 연구개

발 프로그램이 국민의 세금에 의존한다는 점, 과학기술이 사회적으로 구성되는 성격을 가진다는 점, 기존의 과학기술에 존재하는 편견을 제거하기 위해서 다양한 관점이 증진되어야 한다는 점, 모든 사람이 자유롭게 참여할 수 있는 권리를 가지고 있다는 점 등이 거론되고 있다. 특히 시민의 세금으로 추진되는 국가적 차원의 과학기술 프로젝트가 한정된 집단의 협소한 이익이 아니라 국민 모두의 이익을 향상시켜야 한다는 점은 과학기술에 대한 시민 참여의 중요한 논거가 된다.

일반인이 과학기술과 같은 전문적인 영역에 대한 의사결정에 참여하는 것을 바람직하지 않다고 간주하는 견해도 있다. 그러나 사회적으로 쟁점이 되는 과학기술에 대한 논쟁에서 전문가들의 의견이 항상 일치하는 것은 아니며, 그러한 문제들이 전문적인 과학기술 지식만으로 해결되어야 할 성격을 띠는 것도 아니다. 오히려 일반 시민들이 일상적인 삶의 경험과 통찰을 통해 축적한 지식이 문제 해결에 더욱 효과적일 수도 있다.

이러한 점은 영국 컴브리아 목양농의 사례를 분석한 윈(Brian Wynne)의 연구에서 잘 드러난다.[21] 1986년 체르노빌 사고가 발생한 이후에 영국 컴브리아 지역에서는 비에 방사성 세슘이 섞여 내리는 일이 발생하였다. 과학자들은 토양 속에서 세슘이 어떻게 움직일 것인가에 대한 모형을 만들어 실험을 한 결과 양의 이동 및 도살에 대한 금지 기간을 3주로 설정하였다. 그러나 그

---

21 Brian Wynne, "Knowledges in Context", *Science, Technology and Human Values*, Vol. 16, No. 1 (1991), pp. 111~121.

이후에도 토양 속의 방사능 수준은 안전 수위 아래로 떨어지지 않았다. 과학자들의 예측이 어긋난 이유는 과학자들이 저지대에 있는 토양을 바탕으로 설정한 모형을 고지대의 토양에 그대로 적용시켰기 때문이었다. 반면 목양농들은 경험적으로 이러한 사실을 이미 알고 있었기 때문에 과학자들이 안전하다고 주장한 지역에서 양을 사육하지 않았으며 지나치게 확신에 차 있는 과학자들의 말을 신뢰하지 않았다. 이처럼 목양농들의 민간지(lay knowledge) 또는 암묵지(tacit knowledge)는 나름대로의 합리성을 가지고 있었으며 그것은 전문적인 과학자들의 주장에 도전을 제기하는 근거로 작용하였던 것이다.

서유럽을 비롯한 선진국들은 오래전부터 과학기술시민권을 확보하기 위하여 다양한 형태의 제도를 개발해 왔다. 주요 과학기술 사업에 투자하기 전에 그것이 미칠 사회적 영향을 미리 평가해 보는 기술 영향 평가(technology assessment), 일반인 패널과 전문가 패널의 토론을 통해 과학기술과 관련된 사회적 쟁점에 대하여 합의된 의견을 도출하려는 합의 회의(consensus conference), 대학이나 연구소가 지역 사회의 요구에 부응하는 과학기술 연구를 담당하는 과학 상점(science shop), 연구개발과 설계 과정에 시민이 직접 참여하여 자신의 필요와 아이디어를 반영하는 참여 설계(participatory design) 등이 대표적인 예이다. 최근에는 우리나라에서도 이러한 제도들을 실험해 보려는 시도가 이루어지고 있다.

과학기술에 대한 시민 참여가 우리 사회에 뿌리를 내리려면 자금과 인력만 투입되면 과학기술이 발전하고 그러한 과학기술이 우리의 삶을 편리하게 해 준다는 단순한 사고방식이 불식되어야 한다. 또한 토론과 학습을 통해 서로를 이해하고 문제를 해결해 감으로써 사회적으로 유용한 과학기술을 기획하고 추진하는 선진적인 문화가 필요하다. 시민과 전문가 사이의 원활한 소통에 입각한 상호 학습이 사회적으로 확산되어야 하는 것이다. 이러한 상호 학습은 과학기술의 윤리와 책임을 회복하고 과학기술자 사회에 대한 신뢰를 증대시킬 수 있는 중요한 매개체가 될 수 있을 것이다.

---

22 우리나라에서 과학기술 시민 참여에 대한 논의와 실천은 주로 시민과학센터(구 과학기술 민주화를 위한 모임)를 매개로 진행되어 왔다. 참여연대 과학기술 민주화를 위한 모임, 『진보의 패러독스: 과학기술의 민주화를 위하여』(당대, 1999); 참여연대 시민과학센터, 『과학기술, 환경, 시민참여』(한울, 2002); 시민과학센터, 『시민의 과학: 과학의 공공성 회복을 위한 시민사회의 전략』(사이언스북스, 2011)을 참조.

공학윤리의 쟁점

1판 1쇄 펴냄 | 2013년 11월 29일

지은이 | 송성수
발행인 | 김지영
발행처 | 생각의힘

등록 | 2011. 10. 27. 제406-2011-000127호
주소 | 경기도 파주시 문발동 527-2 파주출판도시
전화 | 070-7096-1331
홈페이지 | www.tpbook.co.kr
티스토리 | tpbook.tistory.com

공급처 | 자유아카데미
전화 | 031-955-1321
팩스 | 031-955-1322
홈페이지 | www.freeaca.com

ISBN   978-89-969195-5-1 04190